청화 큰스님 법문집

영가
천도
법어

영가 천도 법어

개정판 1쇄 발행 2025년 2월 28일
지은이 청화 큰스님
펴낸곳 광륜출판사
펴낸이 명원
편집 배광식
주소 서울 도봉구 도봉산길 86-1
전화 02-956-5555, 02-954-6437
팩스 02-955-2112
홈페이지 www.gwangryunsa.com
ISBN 978-89-954017-8-1 03220

청화 큰스님 법문집

영가
천도
법어

광륜출판사

南無阿彌陀佛

청화 큰스님 영가 천도 법어집을 펴내며

윤회 중생은 사유四有의 과정을 되풀이한다. 태어나서[생유生有] 살아가다가[본유本有] 죽게 되고[사유死有], 그러면 중유中有[중음신中陰身]가 되는 사유四有의 과정을 되풀이 겪는 것이다. 부모에게서 몸 받아 몸을 지니고 살다가 죽음에 이르면 몸을 벗게 되고, 중음신은 몸이 없다.

중음신은 곧 영가靈駕라 하는데, 영가의 '가駕'는 '수레' 혹은 '멍에'의 뜻이 있다. 따라서 영가는 '신령스러운 수레'의 뜻도 되고, '멍에 쓴 영靈'의 뜻도 된다. 신령스러운 수레는 홀홀히 갈 수 있는데, '멍에 쓴 영'은 구속되고 억압되어 갈 수가 없다. 누가 구속하거나 억압하는 자가 없는데, 마치 누에가 스스로 자아낸 실로 짜인 고치에 갇히듯, 스스로 집착하여 자아낸 집착의 올가미에 갇히는 것이다.

우리 모두는 진여자성眞如自性 본생명 자리가 한 고향인데, 임시로 받은 몸인 가상假相을 내 몸이라 고집한다. 금생전무今生前無라, 금생의 이 몸은 전생에 없었고, 금생후무今生後無라, 금생의 이 몸은 내생에 가져갈 수 없다. 그런데 우리는 살아 있을 때 이 몸을 내 몸이라 보물처럼 애지중지하고, 죽어서 중음신이 되어서도 내 몸이라는 애착을 떼지 못하고 계속 벗어 놓은 몸을 돌아보며 집착한다.

몸뿐 아니라 내 몸이 누리던 재산, 내 몸이 있게 한 부모, 부모의 피와 살을 함께 나눈 형제자매에도 집착하여, 몸 벗은 후에도, 벗은 내 몸은 물론 내 재산, 내 가족·친지 등에도 집착을 떼지 못해 갈 길을 잘 떠나지 못한다.

살아생전에도 집착으로 인한 탐진치 삼독을 계속 증장시켜 삼계의 어두운 성에 갇혀 고해에서 헤매고, 죽어서도 그 고해를 벗어나지 못하는 것이다. 살아 있든 죽어 있든 밝은 진여자성 본생명 자리, 본고향, 극락세계에 이르는 길은 극락교주이시고 참생명의 이름인 아미타불을 믿고 귀의하는 것이다.

청화 큰스님께서는 본유이든 중유이든 그 어둠에 매인 자리를 직시하시고, 어둠의 질곡을 풀어 극락왕생하는 것만이 우리의 일대사一大事임을 훤히 보여주시는 대도사大導師이시다. 큰스님의 무량한 법력에 힘입어 모든 본유와 영가가 극락에 이르는 환한 광명대도光明大道에 함께하시기를 기원드린다.

큰스님의 천도 법어는 모두가 영가를 반드시 극락으로 이끄는 밝은 법문이시다. 기왕의 큰스님 천도 법어집에 수록된 합동 천도 법어 8편, 49재 천도 법어 7편에 49재 천도 법어 1편을 더했고, 법문 말씀 그대로 구어체였던 것을 원 법문의 뜻을 이아치지 않는 한에서 문어체로 윤문하여 총 16편의 천도 법어를 증보하여 펴내게 되었다.

천도 법어집 초판의 PDF 파일을 보존했다가 전해 주신 경륜스님, 그리고 출판의 실무를 담당한 뜨란출판사에 감사드린다.

2025년 겨울
광륜사에서 명원 지識

차례

2부 49재 천도 법어

1부

합동 천도 법어

모든 존재의 근본 고향인
극락세계로 가는 길

정중선원 천도 법어
1990년 8월 19일

영가여! ○ ○ ○ 영가여! 지금 우리 중생들의 눈에는 안 보인다 하더라도 영가들은 분명히 지금 이 자리에 오셔서 천도薦度 법어를 듣고 계십니다.

생명은 신비로운 것이어서 더러는 모양이 있고 또는 모양이 없기도 합니다. 인연 따라서 과거세에 지은 업業의 힘으로 한동안 사람 같은 몸을 받았다 해도 인연이 다하면 사람 같은 모양은 사라집니다. 그렇다 하더라도 생명 자체는 죽음이 없습니다. 그러나 땅 기운, 물 기운, 불 기운, 바람 기운, 또는 산소나 수소나 탄소나 질소 등의 기운들이 모여서 하나의 모양을 만들고 거기에 인연이 다하면 그때는 반드시 죽음도 있고 이별도 있고 또는 아프기도 합니다.

사람뿐만 아니라 천지우주의 달, 지구, 해 등도 형체가 이루어 졌다가 또는 그 모양이 변화가 됐다가 또는 그 모양이 파괴가 됐다가 다시 모양이 텅텅 비어, 빈 공空이 되는 것입니다. 그렇더라도 생명 자체는 조금도 손실이 없습니다. 생명 자체는 불생불멸 不生不滅이라, 생명 자체는 본래 낳지 않고 또는 모양이 바꿔진다고 하더라도 죽음도 없고 소멸도 없습니다.

오늘 천도를 받으시는 영가들이시여! 금생今生에 인연 따라서 사람으로 태어나셨다가 인연이 다해서 다시 저승길로 가신 것입니다. 저승길은 어두운 세계입니다. 사람도 어두운 밤길을 갈 때에는 등불이 없거나 안내인들이 없으면 헤매기도 하고 굉장히 괴롭습니다. 죽음길도 그와 똑같아서 한번 죽어서 갈 길을 모르면 아주 괴로운 것입니다. 이러한 어두운 세계에 십 년도 머물고 때로는 백 년도 머무는 것입니다.

영가들이시여! 영가들은 복이 많아 좋은 후손들을 두셔서 어두운 길을 밝히는 참다운 등불, 참다운 지혜를 오늘 듣고 계십니다. 영가들이시여! 사람이라 하는 것은 금생에는 사람으로 태어났지만 과거 전생에는 사람보다 못한 개나 소나 돼지 같은 축생 畜生으로 태어난 적도 있는 것이고, 또는 그보다 더 못해서 과거 전생의 어느 생生에는 지옥이라 하는 지독한 고생만 연속되는 세계에도 태어났다가 다시 죽기도 한 것입니다. 우리 생명은 누구나 다 그런 지옥 같은 생도 받았고 또는 사람 이외에 동물 같은 생도 받았고, 사람 눈에 안 보이는 귀신같은 생도 받았던 것입니다.

그러다가 다행히 과거 전생에 닦은 바가 있어서 생각도 좋은 생각을 하고 말도 좋은 말을 하고 행동도 바른 행동을 취해서 사람 될 만치 착한 성품을 갖춘 덕에 금생今生에 사람 몸을 받은 것입니다.

그러나 사람이라 하더라도 이와 같이 살다가 죽고 또 헤어지는 것입니다. 이렇게 이별도 있는 것이니까 사람도 별로 좋은 데는 아닙니다. 사람보다 더 좋은 세계를 모르는 사람들은 '사람만이 만물의 영장이다. 인간이 제일 좋다.' 합니다만 사실 인간이 그렇게 좋은 것은 아닙니다. 죽음과 이별이 있고, 슬픔이 있고 또는 병도 있고 이렇게 생각할 때에 하나의 고해苦海란 말입니다. 우선 그때그때 쾌락적인 것이 있다 하더라도 그런 것은 모두가 다 고苦의 원인으로 이루어져서 잠시간 허망한 찰나에 불과합니다.

영가들이시여! 영가들은 사람으로 계시다가 지금 어두운 길을 헤매시는 가운데 이와 같이 좋은 후손들을 만나서 정말로 참다운 행복한 나라, 헤어짐도 없고 병도 없고 죽음도 없는 그런 나라로 가시는 가르침을 받는 것입니다.

영가들이시여! 사람보다도 좋은 세계인 천상세계가 있습니다. 천상세계 중생들의 몸은 사람 같은 그런 몸이 아닙니다. 사람 몸은 아프기도 하고 또 배가 고프면 물질적인 음식을 먹어야 하는 것입니다만 천상세계는 그런 것을 먹지 않더라도 살 수 있는 세계입니다. 천상세계는 몸도 이렇게 냄새가 나고 때가 묻고 하는 그런 몸이 아닌 것입니다.

천상세계의 몸은 광명신光明身이라, 몸이 빛으로 되어 있습니다. 빛으로 몸이 되어 있거니 때묻지 않고 또는 이러한 물질적인 껍데기를 쓸 필요도 없습니다. 그런 천상세계가 한 군데 두 군데 있는 것이 아니라 우리가 얼마나 선량한가, 얼마나 바로 살았는가 하는 그런 행위 따라서 천상도 28층이라, 스물여덟 층의 천상의 단계가 있습니다. 업장業障이 무거운 사람들은 저 아래층에 가 있고 업장이 가벼운 사람들은 업장이 가벼운 만치 거기에 비례해서 보다 높은 천상에 있는 것입니다.

영가들이시여! 그러나 천상이 최상의 세계는 아닙니다. 비록 천상일지라도 사람보다 더 오래 살아서 몇천 년, 몇만 년을 산다고 합니다. 업장 가벼운 중생이 태어나면 가벼운 중생들일수록 더 오래 사는 것입니다. 가장 높은 천상은 팔만 겁이라 하는 오랜 세월을 삽니다만 이것도 역시 인연이 다하면 죽음이 도래합니다. 따라서 이런 천상세계도 역시 사실은 죽고 살고 헤어지고 하는 것을 면치 못하는 중생세계입니다. 이렇게 뱅뱅 돌아서 천상으로 갔다가 다시 복이 다하면 인간으로 뚝 떨어졌다가 또 지옥으로 갔다가 이렇게 우리 중생은 정말로 답답하고 개미 쳇바퀴 돌 듯이 참담한 존재입니다.

그러나 우리가 가는 길이 이러한 고생 바다, 욕계欲界나 색계色界나 무색계無色界의 삼계三界나, 사람, 천상, 지옥, 아귀餓鬼, 축생, 수라 등 육도六道의 세계만 뱅뱅 도는 것이 아니라, 우리가 하기에 따라서는 이런 세계를 벗어나서 영원히 행복스러운, 남도 없고 죽음도 없고 병도 없고 헤어짐도 없는 세계인 극락세계에 왕생할 수도 있는 것입니다. 부처님 가르침은 이러한 영생 해탈, 영생 행복의 길을 가르쳐 주고 계신데, 다만 중생들이 게을러서 못 갑니다.

극락세계는 중생들에게 좋은 일 하라고 방편方便으로 한 말씀이 아닙니다. 극락세계는 분명히 존재하는 영원의 세계입니다. 사람세계나 또는 축생세계나 천상세계나 이러한 것은 하나의 흘러가는 과정적인 세계에 불과합니다만 극락세계는 흘러가는 세계가 아닙니다. 영원히 존재하는 세계입니다. 그런 세계를 성인聖人들은 분명히 본 것이고 우리 중생들은 번뇌에 가려서 못 보는 것입니다.

영가들이시여! 영가는 번뇌만 거두면 바로 극락세계에 가시는 것입니다. 지금 가리고 있는 번뇌가 무엇인가? 가시는 길에 번뇌는, 사람으로 계실 때 쓰던 칠팔십 년 동안 자기 평생에 무척이나 아끼던 몸입니다. 어느 누구나 사람이면 자기 몸이 제일 소중합니다. 몇십 년 동안 그 몸을 아껴 왔으나 죽은 뒤에 몸뚱이는 화장을 하면 재가 되는 것이고, 땅에 파묻으면 다시 흙으로 돌아갑니다만 번뇌를 못 벗어나고 지혜가 밝지 못한 중생들은 죽은 뒤에도 평소에 쓰던 몸에 대해 집착을 하는 것입니다.

영가들이시여! 영가들이 쓰시던 그 몸은 이미 영가들의 몸이 아닙니다. 영가들의 몸은 화장하면 재가 되고 파묻으면 흙이 되고 마는 그러한 것밖에 안 되는 것입니다.

그러나 영가들이 쓰시던 마음은 몸과 더불어서 죽는 것이 아닙니다. 마음은 영생하는 참다운 생명입니다. 몸은 뜬구름 같고 거품 같고 한동안 인연 따라서 모아졌다가 인연이 다하면 흩어지고 마는 존재입니다. 광야에다 집을 지을 때 나무요, 흙이요 이것저것 다 모아서 집을 올리면 하나의 집이 되겠지요. 그러나 나중에 집을 헐고 파괴해 버리면 집은 흔적도 없습니다. 나무나 흙이나 그런 것으로만 남아 있습니다.

그와 똑같이 사람 몸뚱이도 산소요, 수소요, 탄소요, 질소요 그런 원소 기운이 업장業障 기운 따라서 하나의 형상을 나툰다 하더라도 생명 자체의 인연이 다해 생명의 힘이 다른 세상으로 가기 위해서 떠나가면 몸뚱이는 아무런 가치가 없습니다.

영가들이시여! 자기 몸에 대한 애착, 자기 목숨에 대한 애착 때문에 자기 갈 길을 바로 못 가는 것입니다. 영가들이시여! 자기 몸에 대한 애착을 버리시기 바랍니다.

또 한 가지 번뇌는 자기 권속에 대한 애착, 사랑하는 아들, 딸, 남편과 친구 등 금생今生에 사람 세상의 인연 따라서 만난 그런 권속들 때문에 잘 못 가는 것입니다. 또는 자기가 돌아간 뒤에 자기 아들과 딸을 생각하는 마음이 깊으면 그 생각하는 마음 때문에 살아 있는 권속들이 행복하면 좋은데, 그 반대로 돌아가신 분들이 자꾸만 뒤돌아보며 남은 분들을 생각하면 생각한 만치 남아 있는 분들한테는 해가 되는 것입니다.

영가들이시여! 깊이 생각하십시오. 자기가 쓰던 세간살이, 자기 집, 논밭, 자기 금붙이 같은 것은 허물어지는 몸뚱이가 있을 때 필요한 것이지 몸뚱이가 한번 떠나버리면 아무런 필요가 없습니다. 그런데 보통은 자기가 쓰던 세간살이 때문에 자꾸만 뒤돌아보고 또 애착이나 미련을 갖습니다. 이것도 역시 무서운 번뇌가 되어서 여러분이 갈 길을 못 가는 것입니다.

영가들이시여! 자기가 그렇게 사랑하던 자기 몸도 흙이 되고 또는 재가 되고 마는 허망한 것이거니 아들이나 딸도 역시 한동안 만난 허망한 인연에 불과합니다. 세간살이도 마찬가지입니다. 자기 집도 허망한 것에 불과합니다. 허무한 것에 불과한 것을 모르는 사람들은 세간에서 쓰던 버릇 때문에, 내 것이요, 내 권속이요 하는 마음 때문에 바로 못 가는 것입니다.

영가들이시여! 그러한 것은 가치가 없는 거품이요, 메아리인 것이고 실존하지 않는 것입니다. 영가들이 가실 곳은 오직 생사를 초월하고 행복만 있는, 또는 영원히 아프지 않고, 영원히 이별도 없고, 영원히 살 수 있고, 또는 모든 안락을 다 얻을 수 있고,

지혜를 다 얻을 수 있는 극락세계뿐입니다. 지금 지옥에 사는 중생이나 또는 축생畜生으로 있는 중생이나 사람 또는 천상 중생이나 결국 모두가 다 극락세계로 가야 하는 것입니다.

모든 존재의 근본 고향은 극락세계입니다. 천지우주가 다시 이루어지고, 허물어지고 하는 과정에서 어쩌다가 우리는 극락세계에서 생각 한번 잘못해서 뚝 떨어진 것에 불과합니다. 어떠한 존재나 본고향은 모두가 다 극락세계입니다. 극락세계는 다시 바꿔서 말하면 부처님 세계입니다. 극락세계는 모든 것이, 거기에 사는 존재나 또는 그 환경이나 모두가 다 조금도 흠축이 없는 청정미묘한, 불변한 광명光明으로 이루어졌습니다. 그러기에 극락세계를 다시 바꿔서 말하면 광명정토光明淨土라고 합니다.

영가여! 천지우주는 바로 보면 지금 번뇌에 때묻은 영가의 몸이라든가, 살아 있는 인간의 몸이라든가, 추한 것, 좋은 것, 나쁜 것, 모두가 청정미묘한 극락세계의 광명으로 된 존재인 것입니다. 다만 우리 중생이 번뇌에 가리어서 자기를 소중히 하는 이기심, 나라고 생각하는 이기심 때문에 가리어서 탐욕심을 내고 또는 무엇을 얻지 못하면 성을 내고 자기 기분이 안 내키면 분노하는 어리석은 마음들 때문에 우리가 천지우주의 행복스러운 본질을 못 보는 것입니다.

영가들이시여! 우주의 본질은 석가모니께서 말씀하시고 또는 예수나 공자나 그 뒤에 달마스님이나 그런 위대한 도인들이 다 말씀하신 그대로 우주란 모두가 다 본바탕에서 볼 때는 광명세계입니다. 광명세계, 이것은 영원히 변치가 않습니다. 다만 중생이 탐욕심 또는 분노하는 마음, 어리석은 마음 이러한 마음에 가리어서 그런 광명세계를 잘 못 보는 것입니다.

영가들이시여! 영가가 그 극락세계, 광명정토光明淨土에 가시기 위해서는 광명정토를 생각하셔야 합니다. '다른 곳은 모두가 다 허망한 것이고, 광명정토는 우리들 고향이다. 내가 영원히 쉴 고향이다.' 이와 같이 생각을 하십시오.

그리고 광명정토의 이름인 동시에 일체중생의 본마음이 아미타불이고 관세음보살입니다. 따라서 영원한 우리 고향인 광명세계를 마음으로 생각하십시오. 과거에 쓰던 자기 몸, 자기 권속, 자기 세간살이 모두가 다 한동안 인연 따라서 쓰던 허망한 것에 불과합니다.

영가들이시여! 영원한 세계, 극락세계는 나무나 또는 땅이나 모두가 다 광명으로 이루어져 있는 행복스러운 세계입니다. 영원히 죽지 않고, 헤어지지 않는 세계입니다. 극락세계의 참이름은 아미타불이고 관세음보살이고, 또는 일체중생의 참이름도 역시 아미타불이고 관세음보살이고 지장보살이고 문수보살입니다. 극락세계의 대명사, 극락세계의 모두를 합한 이름이 아미타불입니다.

영가들이시여! 극락세계를 생각하시고, 또는 극락세계의 참이름인 아미타불을 일념으로 외우신다면, 영가들은 한 생각 가운데 그냥 극락세계에 태어나시는 것입니다.

영가들이시여! 오늘 이 자리에 모이신 유가족, 친지들이시여! 지금 어두운 길로 빠져나가신 영가를 위한 가장 좋은 공덕은 이와 같이 재齋를 모셔 부처님 법문으로 해서 극락세계의 길을 가시도록 천도해 드리고 안내해 드리는 것입니다.

부처님 가르침은 모두 다 극락세계에 가는 가르침입니다. '나'라는 것에 집착을 내지 말고, '나'라는 것에 이기심을 내지 말고, '나'라는 이 몸뚱이 때문에, 한동안 살다 허물어지고 마는 거품 같은 몸뚱이 때문에 집착을 내지 말고, 탐욕심을 부리지 마십시오. 우리가 기분이 나쁘다고 해서 또는 원하는 것을 얻지 못했다 그래서 기분이 상해서 성내는 마음, 그러한 마음을 낼 때 우리 몸은 더욱 더 굳어지고 오염되는 것입니다. 우리 마음은 더욱 더 오염되고 몸도 어두워지는 것입니다.

그렇게 하면 우리 업장業障, 우리의 죄가 더욱 깊어집니다. 그러면 우리 본래 고향인 극락세계에서, 아미타불 그 자리에서 더 거리가 멀어지는 것입니다. 한번 성내면 성낸 만치, 한번 탐욕심을 부리면 부린 만치, 나쁜 걸 생각하는 그런 마음을 내면 낸 만치, 우리 마음도 어두워지고 우리 몸도 어두워집니다.

성자의 말씀은 조금도 거짓말이 없습니다. 석가나 예수나 공자나 노자나 그런 분들이 무슨 필요로 거짓말을 했겠습니까. 살아 있는 자기 행복을 위해서나 오늘 재를 받으시는 영가를 위해서나 부처님을 생각하고, 극락세계를 생각하고 한 생각도 놓치지 마시고 아미타불, 관세음보살을 생각하시는 것이 돌아가신 어버이를 위해서 가장 지극한 최상의 효심인 것입니다.

오늘 천도를 받는 영가들이시여! 극락세계를 생각하시고 아미타불을 생각하시고 한 생각에 최상의 행복, 우리가 필경 돌아가야 할 고향 자리로 왕생하시길 바랍니다.

나무 아미타불!
나무 관세음보살!

본래 부처인 우리는
반드시 부처가 됩니다

해인사 천도 법어
2001년 10월 29일

부처님 말씀 중에 '영겁회귀永劫回歸'라는 귀중한 금언金言이 있습니다. 우리 불자님들이나 또는 오늘 천도를 받는 영가들이나 영겁회귀라 하는 소중한 금언을 잘 기억해 두시길 바랍니다.

어느 것도 그대로 머물러 있는 것은 없습니다. 존재하는 모두가 다 순간 찰나찰나 변화무상해서 종단에는 어디로 갈 것인가? 종단에는 다 하나의 자리로 돌아갑니다.

'그 하나의 자리가 무엇인가?' 하나의 자리가 바로 대총상법문大總相法門 자리입니다. 그럼 대총상법문은 어떠한 것인가? 바로 우리의 자성自性, 우리 인간의 본성 자리이자 우주의 본성 자리가 대총상법문 자리입니다.

마명馬鳴대사의 『대승기신론大乘起信論』에 이런 말씀이 있습니다. '심진여心眞如 시대총상법문체是大總相法門體' 하라. '심진여心眞如'라. '마음 심心' 자, '참 진眞' 자, '같을 여如' 자, 우리 마음 바탕인 진여眞如, 이것이 바로 모든 만법의 기본적인 본체란 말입니다.

우리 불자님들이 법法을 말할 때 어떤 때는 그때그때 법의 줄거리를 그냥 잊어버리고서 법의 상대유한적인 상相을 많이 말씀하는 경우가 있습니다. 이렇게 되면 우리 마음이 더욱 더 혼란스럽단 말입니다. 그래서 꼭 본체를 안 여읜다는, 거기에 초점을 맞추어서 부처님 법을 말해야 됩니다.

지금 우리는 어려운 시대에 살고 있습니다. 정보가 너무 적으면 장사도 잘 못 하고 공부도 암중모색하는 그런 것이 되겠지요. 그러나 현대는 아시는 바와 같이 정보의 홍수시대 아닙니까. 정보의 홍수시대에 우리가 정보를 적당히 처리를 못 하면 우리 마음이 항상 산란스럽고 혼란스러워서 스트레스를 도저히 해소시킬 길이 없습니다.

다 아시는 바와 같이 서구적으로 볼 때는 200년 동안이나 산업화시대가 계속되어서 물질 생활은 상당히 편리하고 풍요롭게 되었습니다. 그러나 그와 더불어서 아까 말씀드린 대로 정보의 홍수라 하는 우리가 바라지 않는 것이 이루어져 있단 말입니다.

우리 부처님 가르침도 정보 가운데 하나입니다. 그런데 우리 부처님 가르침은 모든 정보를 적당히 소통시키고 정화를 시키는 소중한 역할을 합니다. 부처님 법 같은 법이 없다면 이 우주에 홍수같이 밀려오는 그런 정보를 정화시킬 수가 없단 말입니다. 왜냐하면 다른 세간적인 가르침들은 아까 말씀드린 바와 같이 상대유한적인 복잡한 가르침입니다. 하나의 상相에 불과하단 말입니다. 본체가 아닙니다.

그러나 부처님 가르침은 어디까지나 본체를 여의지 않는단 말입니다. 본체를 여의지 않는 이것이 아까 제가 허두에 말씀드린 바와 같이 대총상법문입니다. 이른바 진여의 불성이 바로 본체란 말입니다.

『육조단경六祖壇經』에 보면 이런 대목이 있습니다. '아소설법我所說法 불리자성不離自性' '내가 지금 설한 법문은 자성을 떠나지 않는다.' 이런 말씀을 하셨습니다. '불리자성'이라, '아니 불不' 자, '떠날 리離' 자, '스스로 자自' 자, '성품 성性' 자, 자성을 떠난 것은 상대적인 말씀이고 상대적인 말은 우리를 더욱 좁게 만듭니다.

'자성'이란 대체 어떤 것인가? 우리가 자성에 대해 특히 명심해야 합니다. '자성'이라는 말이 얼마나 중요한지 육조혜능 스님께서는 『육조단경』에서 '자성'이라는 말씀을 백 번도 더 했습니다. 우리 불교인들은 '자성'이라는 말씀을 더러 많이 듣습니다. '자성'을 조금 더 구체적으로 말하면 '자성청정심自性清淨心'이라, 바로 우리의 본래면목本來面目 자리란 말입니다. 사람뿐 아니라 다른 동물들도 마찬가지입니다. 다른 동물도 모두가 본래성품 자리는 자성입니다.

자성을 또 다른 말로 하면 바로 불성佛性입니다. '부처 불佛' 자, '성품 성性' 자, '불성'이라는 말이나 '스스로 자自' 자, '성품 성性' 자, '자성自性'이라는 말이나 똑같습니다. 모두가 다 하나의 성품이라는 말입니다.

우리 중생이 무명無明 가운데 있는데, 무명의 그 중요한 근원이 무엇인가? 우리 중생이 무지하기 때문에 사물의 본래면목을 보지 못합니다. 그래서 이것저것을 자꾸 분할시킨다는 말입니다. '진리'라는 것은 오직 하나의 일원적인 진리인데 우리 중생은 일원적인 진리를 미처 깨닫지 못합니다. 따라서 둘로 나누어서 보고 셋으로 나누어서 보고 이와 같이 구분하고 분할합니다.

제가 허두에 '영겁회귀'라는 말씀을 했습니다만, 우리 인간은 본래로 자성이라 하는 청정미묘한 진여불성眞如佛性을 가지고 있습니다. 따라서 우리 인간이 어디로 갈 것인가? 다른 데로 가지 않고 바로 자성으로 돌아갑니다. 자성에서 왔다 자성으로 돌아갑니다.

현대 기계문명이라든가 그런 상대적인 가르침과 우리 부처님 가르침과의 차이는 그 모든 존재를 하나의 진리로 보는 원만무결한 가르침이 부처님 가르침이고, 이렇게 저렇게 구분해서 보는 가르침은 과학이라든가 다른 종교의 가르침입니다.

그러나 다행히도 우리 인간존재가 미처 깨닫지는 못했다 하더라도 어느 누구나 자성은 본래로 가지고 있기 때문에 그때그때

시대에 따라서 예지叡智가 발동합니다. '슬기로울 예叡' 자, '지혜 지智' 자 '예지'란 말입니다. 그래서 어느 누구한테나 미처 계발은 못되었다 하더라도 예지는 항상 조금도 흠결 없이 갖추어 있습니다.

사실은 예수 같은 분도 부처님 가르침같이 원대한 말씀을 못했다 하더라도 좋은 말씀은 많이 했습니다. 복음성서에 "먼저 하늘나라와 하느님 뜻을 구하라. 그러면 무엇이든 그대에게 갖추어지리라." 이런 것도 우리 불교에서 "자성을 깨달으면, 본래 면목을 깨달으면 모두가 다 부처가 된다."는 말씀이나 흡사합니다. 다만 부처님 가르침같이 철저하지 못하다는 차이가 있을 뿐입니다.

우리가 대인관계에서 사람과 사귄다 하더라도 '사람과 화해하는 것이 우주에 맞고 불교에 맞는 바른 도리가 아닌가.' 생각하고 사람과의 관계를 맺는 것과, '우리가 본래로 저 사람이나 나나 모두가 다 똑같은 진여불성을 가지고 있다.' 이렇게 하고서 이웃과 사귀는 것과는 굉장한 차이가 있습니다.

가령 주위에 별로 마음이 내키지 않는 한 이웃이 있다고 합시다. 이웃을 볼 때에 마음이 내키지 않으니까 그냥 보통 생각에서는 아무리 친하게 사귀려고 해도 사귀고 싶은 생각이 안 든단 말입니다. 그러나 이른바 논리적으로 '저 사람도 부처님 가르침에서 볼 때는 나와 똑같은 진여불성을, 그 본래 자성을 가지고 있는 사람이 아닌가.' 이렇게 생각하면 결국은 다 뿌리가 똑같단 말입니다. '생명의 뿌리가 똑같다.'고 생각할 때는 저 사람한테 함부로 하면 생명의 뿌리가 똑같기 때문에 나한테도 그냥 해가 온단 말입니다. 그 반대로 저 사람한테 우리가 용납을 하고 관대하면 나한테도 그냥 그대로 복덕이 돌아옵니다.

'불립문자不立文字 교외별전敎外別傳'이라 하면 달마스님께서 '문자를 배격하고서 오직 마음만 깨닫는다.' 이렇게 말씀하셨다고 생각하기가 쉽습니다. 그러나 부처님의 정통 가르침을 받드신 조사님들은 절대로 하나에 치우치지 않습니다. 아까 제가 말씀 드린 바와 같이 모든 법이 본래로 원융무애하고 또는 한결같은 자성을 떠나지 않는, 진여불성을 떠나지 않는 그런 법이기 때문에 달마스님께서 말씀하신 법문도 여러 가지 법문이 많이 있으나 보통 『소실육문少室六門』에서 여섯 문으로 말씀하신 것이 있어요. 그런 가운데 후대 사람들이 여러 가지 고증을 받아갖고서 "『소실육문』 가운데서 두 가지는 달마스님이 했으나 네 가지는 달마스님 법문이 아니다." 이렇게도 말씀한 분이 있습니다.

그런데 달마스님의 두 가지 법문 가운데 어떤 것이 있는가 하면 '안심법문安心法問'이라, 우리 마음을 편하게 한단 말입니다. 우리가 종교를 믿을 때 마음이 편하지 않으면 종교를 믿을 아무런 이유가 없습니다. 종교란 것은 우리 마음을 평온히 하고 모든 사람 사람이 서로 화해하고 더불어서 영원한, 자성청정한 진리로 나아가는 것인데, 이것이 부처님 가르침인데, 부처님 가르침을 믿는 사람들이 마음이 편안치 않으면 부처님 가르침을 잘못 믿는 것입니다. 어째서 우리 마음이 편안한 안심법문이 중요한가. 우리 불자님들 깊이 생각하시기 바랍니다.

우리 마음이 바로 부처라고 흔히 말하지 않습니까. 그러나 깊이 느끼고 명심해서 그렇게 말하는 분들은 많지가 않을 것입니다. 우리 마음이 정말로 바로 부처님입니다. 부처를 떠나서 우리 마음을 논할 수가 없고 우리 마음밖에 부처를 구할 수가 없습니다. 우리 마음이 바로 본래 부처입니다. 나같이 별스럽지 않은 그런 마음이 어떻게 부처라고 할 것인가. 우리 마음이라 하는 것은 우리 범부중생이 생각하는 그런 정도의 마음이 아닙니다.

『육조단경』에서도 또 말씀했습니다만, 우리 마음, 바로 이것이 우리 자성인데, 우리 자성 가운데 우리 마음의 본체가 바로 청정법신淸淨法身 비로자나불毘盧遮那佛입니다. 마음의 본체가 바로 법신불法身佛이란 말입니다. 마음의 본체에 본래로 포함되어 있는 모든 불성 지혜 공덕이 원만보신圓滿報身 노사나불盧舍那佛입니다. 그 법신과 보신을 근거로 해서 모양을 나투고 또는 변화하는 그러한 차원에서는 천백억화신불千百億化身佛입니다. 즉, 우리 마음 가운데에 법신法身과 보신報身과 화신化身의 삼신三身이 원만히 들어있습니다.

다시 되풀이해서 말씀드리면 우리가 생각하는 그런 마음이 아닙니다. 우리의 본래 마음은 우주와 더불어서 둘이 아닌, 우주생명과 더불어서 둘이 아닌, 법신이 온전히 다 갖추어 있단 말입니다. 그 가운데는 '상락아정常樂我淨'이라, 영생하는 생명과 또는 다시 없는 행복스러운 극락의 행복과 또는 신통자재하는 대아大我라, 이른바 삼명육통三明六通을 다 갖출 수가 있고 만덕을 갖춘 것이 우리 마음과 관계되어 있단 말입니다.

또는 우리 마음의 본체는 번뇌가 조금도 없습니다. 우리는 본래청정이란 말입니다. '때가 끼었다, 때가 안 끼었다.' 그런 것은 우리 중생이 봐서 그런 것이지 우리 마음은 모양이 없어서 사실은 때가 낄래야 낄 수가 없습니다. 도둑질을 많이 해서 삼악도三惡道에 떨어질 만한 그런 죄를 많이 지었다 하더라도 그 마음이 사실은 오염된 것이 아니란 말입니다.

잘못 생각해서 자승자박이라, 스스로 자기 어리석음에 묶여서 분노가 되고 내가 나쁜 놈이다 하는 것이지, 우리 마음이라는 것은 이미 말씀드린 바와 같이 모양이 있는 것이 아니기 때문에 시간성, 공간성이 있는 것이 아니기 때문에 오염시키려야 시킬 수가 없단 말입니다. 금생에 잘못 살아서 한도 끝도 없이 오랫동안 지옥고를 받는다 하더라도 우리 마음은 조금도 오염이 안 됩니다. 우리 마음은 청정한 그대로입니다.

인간의 마음은 그렇게 소중한 것입니다. 아까 말씀드린 바와 같이 우리 마음 가운데는 부처님의 청정법신이 그대로 우리 마음의 본성품이라 그 자리는 지혜, 행복, 자비, 능력이 다 들어 있습니다. '아인슈타인 같은 분은 대천재라 불렸지만 우리 같은 사람이 어떻게 그렇게 될 것인가?' 이렇게 의심을 조금도 갖지 마십시오. 여러분도 아시다시피 슈바이처 같은 분은 아프리카 밀림의 성자이지 않습니까. 의사인 동시에 철학자요, 신학자요, 대음악가라고 합니다. '그런 천재는 잘나고 나는 대체로 무엇인가?', 이렇게 비교해 볼 때는 한심스럽겠지요. 그러나 아인슈타인이나 슈바이처나 또는 성인이라고 하는 간다나 우리나 마음 자리는 똑같습니다. 조금도 흠절이 없습니다. 석가모니 부처님 마음 자리나, 예수 마음이나, 달마스님 마음이나 마음의 본바탕은 똑같습니다.

그러면 우리가 할 일은 무엇인가? 우리가 할 일은 아까 말씀드린 바와 같이 영겁회귀永劫回歸라, 우리는 본래가 부처이기 때문에 다시 부처가 되어야 합니다.

부처가 되어버리면 또 어떨 것인가? 불교의 우주관에서는 중생의 공업력共業力 따라서 텅텅 빈 그런 공겁空劫으로부터 다시 우주가 이루어집니다. 이른바 성겁成劫이라, 성겁이 되면 그때는 여러 가지 동물이나 식물이나 존재가 의지해 산단 말입니다. 다음 주겁住劫이라, 그럼 차근차근 찌꺼기가 생깁니다. 물질이란 것은 오랫동안 되다 보면 불가역 에너지라, 이른바 다시 활용할 수 없는 에너지로 화한단 말입니다. 그 에너지 찌꺼기가 자꾸만 쌓이면 나중에는 그것이 산화되어서 불이 난단 말입니다.

괴겁壞劫이라, 우주가 삼천대천세계三千大千世界가 다 파괴가 됩니다. 파괴된 뒤에 물질은 허공무물虛空無物이라, 아무 것도 없습니다. 아무 것도 없다 하더라도 우리 중생의 심식心識은 남아 있습니다. 무색계 중생은 그대로 남아 있습니다. 따라서 그 무색계 중생이 텅텅 빈 공겁세계에서 아직은 중생이니까 '좋다, 싫다.' 하는 그런 마음이 있겠지요. '좋다, 싫다.' 하는 그런 마음, 그런 에너지가 상호작용해 다시 우주를 형성합니다. 그럼 다시 텅텅 빈 공겁에서 우주가 성겁이 되고 그럼 또 중생이 살고 또 다시 파괴되고 텅텅 빈 우주가 되겠지요.

이와 같이 우리도 역시 영겁회귀합니다. 우주 존재가 바로 텅텅 비어 버린 다음 다시 이루어지고 다시 모든 존재가 살고 또 파괴되는 것입니다. 우리 인간도 역시 본래 부처이기 때문에 꼭 부처가 되고 맙니다. 우리는 지금 부처가 되어가는 하나의 나그네 길에 있습니다.

불자님들! 아까도 말씀드린 바와 같이 이 정보의 홍수 가운데서 부처님 가르침을 안다는 것이 얼마나 행복스러운지 모릅니다. 부처님 가르침을 모른다면 어떻게 살겠습니까. 이것저것 알기는 많이 알지만 '우리 인간이 어떻게 해야 될 것인가. 인간이 할 일이 뭐가 있느냐.'는 말입니다. 다행히 부처님 가르침을 알기에 부처님 가르침에서 볼 때는 이 모든 것이 다 허망虛妄 무상無常

한 것입니다. 다 환상이나 같단 말입니다. 있다는 것이 사실은 있지 않은 것이란 말입니다. 분명히 느끼시기 바랍니다. 어째서 있지 않은 것인가? 인연 따라 잠시간 있는 것같이 보이는 것이지 사실은 있지 않습니다.

우리 불자님들! 제법공도리를 몇십 번, 몇백 번 들으셨겠지요. 오온개공五蘊皆空이라, 오온개공도 물질이라는 것은 다 비었다는 것입니다. 인연 따라 잠시도 변하지 않고 변화무상한 즉, 다시 말해 공간성, 시간성이 없단 말입니다. 무엇이 있다는 것은 공간성이 있고 시간성이 있어야 되겠지요. 그러나 인연생의 법은, 인연 따라 이루어지는 것은 사실은 시간성, 공간성이 본래로 없는 것입니다.

오늘 천도를 받는 영가들이여! '생본무생生本無生'이라, 우리가 태어났다 하더라도 본래는 태어남도 없습니다. 불생불멸不生不滅한 것이 본래로 우리 생명의 본바탕인 것이기 때문에 거품 같은 모양인 이런 사대색신四大色身이 있다 하더라도 실제로 이것은 없는 것입니다. 그때그때 변화무상하다는 말입니다.

따라서 멸본무멸滅本無滅이라, 이 육신肉身이 없어진다 하더라도 다 없어지지가 않습니다. 아무 것도 없는 것이 아닙니다. 생명 자체는 영원히 존재합니다. 불생불멸하는 생명의 존재는 과거·현재·미래를 통해서 영원히 존재합니다.

영원히 존재하는 생명 자체가 바로 법신불法身佛입니다. 영원히 존재하는 생명 자체를 인격화시킬 때 아미타불이요, 약사여래불이요, 관세음보살인 것입니다. 불생불멸한 영원한 생명이니까 무생물이 아닙니다. 인격적인 존재입니다. 아미타불이란 무량수無量壽 무량광無量光이라, 영원한 생명이란 뜻입니다. 무량수불無量壽佛이라, 아미타불에 갖추어져 있는 모든 공덕이 끝도 갓도 없이 많다는 말입니다. 또 광명무량光明無量이라, 진리의 광명이란 것이 한도 끝도 없이 많다는 것입니다.

부처님 가르침은 단순한 철학이 아닙니다. 내가 생명이거니 내 생명의 본고향 자리가 바로 법신불이요, 영원한 부처님이기 때문에 그 자리는 바로 우주생명이란 말입니다. '부처님은 우주생명이니까 훨씬 크고 내 마음 자리는 아주 왜소한 것이 아닌가.' 생각하시겠지만, 그렇지 않습니다. 물질 같으면 비교가 되겠지만, 물질이 아닌 순수생명은 비교가 안 됩니다. 하나 가운데 일체가 다 들어가고 일체 가운데 하나가 다 들어가고 모두가 다 연결되어 있어서 오직 하나의 진리입니다.

오늘 천도를 받은 영가들은 참 복덕이 많습니다. 해인사 주지스님은 아주 덕이 높으신 스님이시고 염불도 아주 잘하십니다. 여러분들도 잘 알지 않습니까. 아침에 와서 보니까 주지스님 염불소리가 도량에 쩌렁쩌렁 울려서 저도 그냥 환희심이 났습니다. 영가들도 춤을 추면서 극락세계에 가게 될 것을 저는 확신합니다.

우리 중에 사람 눈에 안 보이는 것이니까 '영혼이 어디에 있을 것인가?' 이렇게 의심을 품는 분도 있습니다. 그러나 우리 인간 존재가 허망虛妄 무상無常하지만 이와 같이 존재의 뜻이, 영혼이 우리 중생의 제한된 육안肉眼에는 안 보인다 하더라도 천안天眼이라든가 불안佛眼이라든가 법안法眼으로 볼 때는 분명히 인간 모양으로 존재하는 하나의 생명입니다.

생명인데 그 생명이 갈 곳을 잘 모르면 이른바 중음中陰에서 오랫동안 헤매는 것이고 갈 곳을 알면 그냥 천상이나 극락세계에 흔연히 올라가는 것입니다. 극락이라고 하면 눈에 보이는 것만 따지는 사람들은 '우리 중생들한테 좋은 일을 많이 하고 좋은 곳에 태어나기를 권유하는 권선징악의 방편이지 극락이 어디가 있을 것인가? 천상도 마찬가지 아닌가? 천상도 어디에 있을 것인가?' 이렇게 생각하시는 분들이 계십니다만 우리 인간도 본래에서 본다고 생각하면 다 무상이라, 꿈같은 것입니다. 존재하는 것은 모두가 다 그대로 변화무상한 것입니다. 따라서 천상도 천상세계도 다 변화무상한 것입니다.

그러나 극락세계란 것은 생명 자체가 본래의 생명에 안주하는 자기 고향에 돌아가는 법입니다. 따라서 극락세계 중생들은, 극락세계에 태어난 분들은 모두가 다 광명의 몸입니다.

'극락이 있는가, 없는가?' 그런 것을 근원적으로 따지는 사람들은 『정토삼부경淨土三部經』을 열심히 보시면 부처님께서 어떻게 극락세계를 말씀하셨는가에 대해서 확실한 믿음이 생길 줄로 믿습니다.

극락은 분명히 우리가 돌아갈 생명의 본고향입니다. 진여불성의 자리에 돌아가는 성자의 영혼이 안주하는 곳이 극락입니다. 이른바 영생의 고향이나 똑같습니다. 우리가 극락에서 쉬다가 다시 중생세계로 돌아올 경우는 중생들을 불쌍히 여겨 원력을 세워서 중생계로 태어나기도 하고 천상에 내려오기도 하고 지옥도 가고 그런 것입니다. 진여불성이 되어 온갖 인간 고뇌가 없고 오직 행복으로 존재하는 그런 세계가 극락세계입니다. 그것은 하나의 감회에 불과한 그런 허무의 자리가 아닙니다. 광명을 몸으로 하고 우주를 몸으로 한, 그 자리는 물질세계가 아니라 하나의 순수생명 자리이기 때문에 이것이나 저것이나 모두가 다 우주를 몸으로 합니다.

오늘 인연 따라 모이신 모든 불자들이여! 저 밖에 계시는 분들께는 대단히 송구스럽게 생각합니다. 부처님 법이 얼마나 수승하면 아직도 싸늘한 날씨인데 추운 곳에 앉아 계신다고 생각할 때 송구스럽고 한편 감사하게 생각합니다.

이미 말씀드린 바와 같이 우리 부처님 법은 대총상법문이라, 모든 법을 다 포섭해 있습니다. 과학이나 무엇이나 부처님 법 안에는 다 들어 있습니다. 그리고 현대의 과학 자체가 전문 과학이어서 우리가 여러모로 편리를 많이 봅니다만 차곡차곡 가면 갈 수록 우리 부처님 법을 밝혀내고 있습니다. 우리가 생각할 때 아까 말씀드린 바와 같이 물질의 본바탕, 이것은 다 허무한 것입니다. 물질이란 것은 존재하지 않는 것입니다. 상相으로 존재하는 것이고 상相 자체는 그때그때 변화무상한 것입니다.

상으로 존재하지 않는다는 것을 현대물리학이 증명합니다. 어떻게 증명하는가? 하이젠베르크의 불확정성 원리라, 이것은 어느 존재 어느 미세한 물체에 있어서도 그 위치와 운동을 동시에 측정할 수가 없습니다. 측정이 안 되니까 불확정성의 원리라, 물질이 가장 미세하게 되면 사실은 증명할 수가 없습니다. 그리고 전자나 양자 등도 항상 그대로 고요한 것이 아니라 그때그때 변화무상하단 말입니다. 상호작용이 되어서 '이것이 되었다. 저것이 되었다.' 합니다. 그러한 소립자는 그때그때 금방금방 사라지게 됩니다.

역시 현대과학 자체가 '물질이란 것도 비어 있고 본래 허망하구나.' 하는 것을 증명하고 있습니다. 부처님 법의 제법공諸法空 자리를 증명하고 있는 겁니다. 다만 현대 과학이 물질은 공이 아닌 생명 그 자리, 생명 본래 자리, 진여불성 자리라는 것을 알 턱이 없습니다. 어째서 모르냐 하면 물질이 아니니까 측정을 못 하기 때문입니다.

우리 불자님들! 우리 마음이 바로 부처님 자체입니다. 우리 마음 일체가 바로 청정법신이요, 모든 지혜, 자비, 공덕, 행복을 갖춘 원만보신입니다. 모든 행동과 모든 작용과 모든 모양이 천백억화신千百億化身입니다. 이 삼신三身이 우리한테 온전히 다 갖추어 있습니다. 우리는 지금 삼신이 되어가는 것입니다. 우리는 본래가 부처이기 때문에 부처가 안 될 수가 없습니다. 우리는 지금 부처가 되려는 것입니다. '일체중생一切衆生 개유불성皆有佛性, 일체중생一切衆生 개당작불皆當作佛'이라, 모두가 다 본래 부처이기 때문에 본래 불성이기 때문에 꼭 반드시 단정적으로 부처가 되어간단 말입니다.

영가들이여! 그 어두운 중음세계에서 헤매지 마시고 부처님의 무생법인無生法印을 활연히 깨달아서 영원히 극락세계에서 안주하시기를 간절히 빌어마지 않습니다.

나무 석가모니불!
나무 석가모니불!
나무 시아본사 석가모니불!

어두운 세계를 떠나
어떻게 광명세계로 갈 것인가

백양사 천진암 천도 법어
1989년 10월 17일

제법 추운 날씨에 밖에 계시게 해서 미안합니다. 우리가 한세상 살다보면 여러 가지 복잡한 일이 많이 있습니다. 우리 생활을 보더라도 굉장히 복잡다단한 생활이 아닐 수 없습니다. 그런 가운데서 가장 중요한 것은 생사生死 문제, 죽고 사는 문제입니다. 대체로 '우리의 삶은 어떤 것인가?' 하는 삶의 정의 문제, 또는 '죽으면 어떻게 될 것인가?' 하는 죽음 문제, '죽어서 가는 곳은 대체로 어떤 곳인가?' '죽은 뒤엔 어떻게 되는 것인가?' 하는 문제에 관해서 생각하지 않을 수 없습니다.

불교는 생사대사生死大事라, 석가모니나 다른 도인 모두가 다 생사대사를 해결하기 위해서 나오셨습니다. 오늘은 3년 지장기도 회향일입니다. '생사대사라 하는 인간의 큰 문제와 지장기도를 하는 것은 어떤 관계가 있는 것인가?' 이런 것에 관해서 간단하게 말씀드리겠습니다.

우리 인간의 생활을 대체로 구분해 보면 어두운 생활과 밝은 생활이 있습니다. 인간뿐만이 아니라 모든 중생이 사는 세계는 역시 어두운 세계와 밝은 세계가 있습니다. 어두운 세계는 다시 말하면 '유명계幽冥界'라, '그윽할 유幽' 자, '어두울 명冥' 자 어두운 세계가 있단 말입니다. 그런가 하면 밝은 세계가 있습니다.

어두운 세계는 어떤 곳인가 하면, 우리 중생이 자기 인생이나 또는 모든 존재의 참다운 본성을 모릅니다. 어려운 말로 하면 우리 본래면목本來面目을 모릅니다. 그래서 '나라는 것은 무엇인가?' '우주는 무엇인가?' 그런 원인을 모른단 말입니다. 원인을 모르고 살 때는 말도 바르게, 이치에 맞게 도리에 맞게 못할 것이고 행동도 바른 행동이 나오기 어렵겠죠. 그러한 자기 인생이나 또는 여러 가지 문제에 관해서 근본 도리를 모르는 세계는 어두운 세계, 유명계입니다.

그에 반해 밝은 세계는 한문 투로 말하면 광명세계光明世界가 되겠지요. 지장보살님은 어두운 세계를 구제하는 이른바 유명교주 부처님입니다. 그러한 지장보살님을 오늘 청해서 여기에 인연 깊은 영혼들뿐만이 아니라, 법계法界라 하는 것은 온 우주를 말하는 것인데 법계의 모든 유주무주有主無主 영혼들을 천도하는 법회가 되는 것입니다.

그런데 우리 중생들이 그렇게 헤매서 어두운 세계에서 헤어나지 못하는 것은 우리 중생이 인간의 본래 생명을 모르기 때문입니다. 참자기를 모른단 말입니다. 참자기라 하는 본래면목을 조금 어려운 불교 용어로 천진불天眞佛이라, 천진자성天眞自性이란 말을 씁니다.

영가 현각스님이라, 그분은 6조 혜능스님한테서 법을 받은 위대한 스님입니다. 영가 현각스님이 지은 증도가라는 노래가 있습니다. 그 가운데 '법신각료法身覺了 무일물無一物'이라, 법신法身이 무엇인가를 깨달으면 그때는 '무일물'이라, '물질'이라는 것은 없습니다. '물질이란 것은 없다'는 그 말이 굉장히 엄청난 말씀입니다.

자기 몸뚱이가 분명히 있고 또는 산하대지에 산천초목이 있는 것인데 어째서 '물질이 없다' 하는 것인가? 물질은 분명히 있는데 잘 닦아서 본래면목을 훤히 아는 깨달은 분상에서 볼 때는 본래 물질이 없습니다.

'법신각료 무일물'이라, 법신을 깨닫고 보면 그때는 물질은 아무 것도 없습니다. 없는 그 자리가 그냥 없는 허망한 자리가 아니라, '본원자성천진불本源自性天眞佛'이라, 사람이나 일체 존재의 모든 끄트머리의 본성품은 천진불天眞佛이라, 조금도 꾸밈이 없는 자연스러운 모든 공덕을 갖춘 부처입니다.

방금 말씀드린 바와 같이 지장보살님은 어두운 세계에서 헤매는 중생을 구제합니다. 따라서 우리 인간도 자기의 본래면목을 못 깨달았으면 어두운 세계입니다.

아시는 바와 같이 우리 중생이 생사윤회하며 갔다왔다하는 육도六道 중에 저 밑은 지옥 아닙니까. 가장 컴컴한 세계, 가장 번뇌가 무거운 세계가 지옥 아닙니까. 좀 나아지면 그때는 아귀라, 아귀는 귀신이란 말입니다. 우리가 천도하는 그러한 존재들은 보통은 다 아귀계입니다. 어두운 세계에 있는 그런 중생들이 많이 있습니다. 그런 어두운 세계, 아귀계라. 조금 덜 어두우면 축생계라. 그 다음에는 아수라 세계, 아수라 세계는 싸움을 좋아합니다. 지금같이 서로 분열하고 서로 투쟁하고 이런 때는 아수라세계가 굉장히 극성을 부린단 말입니다. 아수라 세계의 그런 기운이 범람하니까 이와 같이 싸우는 세상이 되는 것입니다.

조금 더 광명세계로 나아가면 그때는 인간 세계라. 그 다음의 하늘 세계는 불교적인 의미에서 풀이하면 하늘이라는 뜻은 바로 광명입니다. 빛난단 말입니다. 즉 말하자면 중생의 번뇌가 좀 엷어져서 어둠이 별로 없습니다. 그 다음에 더 나아가면 성문聖聞의 세계로 우주의 본성을 알게 됩니다. 알았지만 아직은 온전히 다 알지는 못했단 말입니다. 더 올라가면 연각緣覺 세계, 더 올라가면 보살菩薩 세계라. 가장 끄트머리 광명 자체가 되어버리는 생명이나 또는 부처님한테 의지하는 환경이나 모두가 다 광명정토光明淨土라, 광명세계가 되어버리는 그 자리가 부처입니다.

이러한 광명 자체가 되어버리는 생명 자체의 본래면목 자리, 이미 말씀드린 바와 같이 천진한 꾸밈도 없고 번뇌의 때가 조금도 안 묻은 그대로의 본래 세계가 부처님 세계란 말입니다. 부처님 세계는 바로 극락세계 아니겠습니까. 그런데 우리 중생은 그러한 본래면목 자리인, 본래 천진부처 자리인 그런 불성을 모르기 때문에 어두운 세계가 나온단 말입니다.

우리가 성자가 되어서 훤히 알아버리면 지장기도를 할 필요가 없습니다. 이렇게 지장천도도 할 필요가 없습니다. 그러나 인간자체가 성자가 못되면 아직은 어두운 세계에 있기 때문에 지장천도가 필요하단 말입니다. 어두운 세계라 하더라도 우리 중생의 분상에서 중생이 잘 못 봐서 어두운 것이고, 깨달은 부처님 분상에서 생각할 때는 어두운 세계도 사실은 어두움이 깔려 있지 않습니다.

현대는 그럭저럭 살 때가 아닙니다. 상당히 복잡한 때라서 우리가 먼저 바로 알아야 합니다. 어두운 세계는 그냥 어둠만 깔려있어서 조금도 광명이 없는 그런 것이 아닙니다. 우리 중생은 어두운 세계에 주눅들어서 밝은 지혜가 없는 것이니까 어둡게 보는 것이지, 비록 아까 제가 말씀드린 바와 같이 가장 못되고 어두운 지옥이 있고 또는 아귀가 있고, 축생이 있고, 아수라가 있고또는 그럭저럭하는 인간이 있다 하더라도 그것은 버릇이 되어서미처 광명세계를 몰라 그렇지 정말로 광명세계가 되면 부처님뿐입니다. 성자의 안목으로 볼 때는 지옥도 훤히 빛나고, 아귀도 훤히 빛나고, 축생 세계도 훤히 빛나고, 싸움 좋아하는 아수라 세계도 싸우는 그대로 훤히 빛나고, 인간도 훤히 빛납니다. 그런 도리를 우리가 알아야 하는 것입니다.

가령, 하나의 물이 기온이 낮아 얼어서 얼음이 됩니다. 또는 기온이 높아져 녹아서 물이 되고, 다시 열을 가하면 수증기가 됩니다. 다시 구름이 되어 올라가서 물방울이 되고, 이렇게 가지가지로 모양은 변하더라도 물이라 하는 산소와 수소가 합해서 된 성분은 조금도 변질이 없습니다.

그와 똑같이 천지만유의 근본 성품이 아까 말씀드린 바와 같이 부처입니다. 부처만이 실상實相이고 실존이기 때문에 우주의 본바탕인, 실상인 부처님이 그때그때 인연 따라서 지옥도 되고 또는 아귀도 되고, 축생도 되고 이렇게 되었더라도 부처 그 자리는 조금도 변질이 없단 말입니다.

하나의 수분이 물이 되고, 수증기가 되고 또는 얼음이 된다 하더라도 수분 자체는 조금도 변질이 없듯이 인생이나 우주의 본래면목인 부처 자리, 부처님이라는 성품, 조금 어려운 말로 하면 불성, 부처님 자리는 조금도 변동이 없습니다. 다만 중생이 그때그때 인연 따라서 나쁜 버릇을 붙일 뿐입니다.

천지우주가 텅텅 비어서 불성만 있는, 다시 말하자면 물질은 조금도 없이 광명만 존재하는 광명정토, 그 자리에서 광명 그 자체에는 불성으로서 무한의 가능성이 있기 때문에, 이것이 오랜 시간이 경과되면 다시 우주가 형성됩니다. 형성이 되면 또 그 자리에서 중생이 나오는 것입니다. 중생이 나오면, 그 중생들이 그냥 제한 없이 나온다면 모르지만 제한을 받는단 말입니다. 제한을 받으면 우리는 제한을 받은지라 본래 불성 자리를 제대로 못 봅니다.

사람으로 생겨나면 사람으로 제한되니까 가장 시초야 부처님이지만 이렇게 저렇게 순환 과정에서 우주가 텅 빈 광명 자리에서 성겁成劫이 되고 형체가 이루어지고 또는 중생이 살고 그런 가운데 여러 가지로 영향을 받아서 각 중생이 차이가 생긴단 말입니다. 그러면 자기 본래면목 자리를 알 수가 없단 말입니다. 그렇게 해서 갖가지 지옥이요, 아귀요, 축생이요, 그런 차이가 있어서 그렇게 태어나서 한번 버릇되면 석가모니 부처님 같은 또는 성자 같은 분들이 안 나오시면 우리가 절대 헤어날 수가 없습니다.

그래도 인간으로 태어나면 인간만치 좋은 곳에서 좋은 일도 하고, 나쁜 일도 하다가 다시 죽어지면 또 인간으로 된단 말입니다. 또는 인간으로 태어났다 하더라도 우리가 본래 선근이 깊지 못해서 나쁜 일을 많이 합니다. 아주 표독스럽단 말입니다. 표독스러우면 표독스러운 그런 업장에 묻혀서 그때는 지옥으로 가게 됩니다. 다른 것에 비례해서 욕심을 많이 부린단 말입니다.

욕심이 지독하게 강하면 그때는 다른 데로 못 가고 욕심이라는 것에 구속당해 아귀로 간단 말입니다. 또 사리분별을 못 하는 어리석은 사슬에 걸려, 그것에 꽁꽁 묶여서 그때는 축생으로 간단 말입니다. 싸움 좋아하고 투쟁을 잘하면 그때는 거기에 구속당해서 아수라가 됩니다.

사람이 된 것은 그래도 오계五戒라, 다섯 가지 계율은 지켰기 때문에 인간이 됩니다. 우리는 어떻게 인간의 늪에서, 어두운 세계에서 헤어나야 하겠는가. 우리 인간의 본래면목은 부처 자리이기 때문에 우리가 부처가 못 되면 그때는 천만 년도 헤매는 것입니다. 천만 년도 뱅뱅 쳇바퀴 돌 듯이 헤맨단 말입니다. 어떻게 해서 우리가 그런 자리에서 헤어나야 할 것인가.

헤어나기 위한, 즉 말하자면 위대한 성인 가운데서 한 분이 지장보살이란 말입니다. 그런데 우리가 여기에서 주의해야 할 것은 부처님이라 하면 지장보살님도 계시지만 관세음보살 또 무슨 보살 그런 여러 가지 부처님이나 보살님들 이름이 많이 있습니다. 우리가 흔히 부르는 '관세음보살님은 어떤 분이고 지장보살님은 어떠한 분인가?' 우리는 의심을 품을 것입니다.

그래서 지장보살님을 외우면 좋은 분들은 '지장보살님이 최고다.' 이렇게 해서 관세음보살님을 몇십 년 동안 하신 분한테도 '그것 말고 지장보살님 외우십시오.' 이렇게 하는 분도 있단 말입니다.

또는 인연이 관음보살님과 깊은 분들은 관음보살님으로 해서 가피加被도 입은 분은 '지장보살님은 별것 아닙니다. 관세음보살님을 외우십시오.' 이렇게도 할 수 있단 말입니다. 이렇게 되면 우리 불교가 참 하급한 종교가 되고 맙니다. 그뿐만 아니라 문수보살, 보현보살 같은 보살님 이름도 얼마나 많습니까.

그렇기 때문에 우리 현대적인 불교인들은 마땅히 그런 면에서 회통이라, 이런 보살 저런 보살, 이런 부처님 저런 부처님 명호가 많이 있더라도 하나의 통일 원리로 회통시키는 그런 지혜가 필요합니다.

우리의 신앙 대상은 내내야 부처님 아닙니까. 부처님인데 '부처님을 어째서 이렇게 저렇게 많이 부르는 것인가?' '부처님이 따로따로 지장보살님 몸 또는 문수보살님 몸이 따로 있어 중생을 구제하는 것인가?' 이래저래 의심을 많이 품습니다. 상당히 불교를 공부한 분도 그런 문제에 관해 편견을 많이 가지고 있습니다. 그래서 오늘 오신 보람으로 모든 보살님, 부처님을 다 통틀어 모아 하나로 회통시키는 바른 이해가 꼭 필요합니다.

부처님이라 하는 것은 이른바 우주나 인생의 본래면목인 동시에 원융무애圓融無碍한 물질이 아니란 말입니다. 우리가 이렇게 바른 생활을 하려고 애씁니다만 바르게 못 사는 것은 우리 인간의 본 실상을 모른단 말입니다. '잘생기고 못생기고 잘나고 못나고 남녀가 모두 있지 않은가. 마음이야 보이지도 않는 것이고…' 이것이 우리 인간이 갖는 무명無明 가운데 가장 못된 무명입니다.

이른바 인간관, '인간이 무엇인가?' 이걸 잘 모릅니다. 이걸 모르니까 '인간이 어떻게 사는가?', 우리 인생의 바른 의미를 알 수 없단 말입니다.

인간은 물질이 아닙니다. 아까 말씀드린 바와 같이 물이 꽁꽁 얼어서 얼음이 된다 하더라도 얼음 그 자체가 실상이 아니라 얼음의 실상은 역시 물이듯이 우리 인간도 우리가 번뇌 업장 따라 이런 몸뚱이를 지녔더라도 인간은 절대로 물질이 아닙니다. 물질이 아니라 인간의 본성은 다 불성입니다. 머리카락에서부터 발끝까지 모두 불성 아닌 것이 하나도 없습니다. 다 불성입니다.

인간의 몸뚱이를 분석하면 내내야 미세한 하나의 원자입니다. 원자 또는 가장 미세한 것은 텅텅 비었기 때문에 다시 말하면 제일 미세한 원자라고도 할 수 없는 하나의 에너지의 파동에 불과하단 말입니다. 모든 존재, 산이나 냇이나 모든 존재를 다 분석한 가장 미세한 물질이 내내야 소립자나 원자 아닙니까. 그런 것은 텅텅 비어 있는 물질이 아닌 무엇인가의 하나의 파동, 진동에 불과합니다.

그런데 그러한 우리 중생의 지혜로는 알 수 없는 그것이 무엇인가? 우주의 순수한 생명 그것이 즉 말하자면 아까 말씀드린 부처란 말입니다. 부처님의 성품입니다. 불성, 바로 부처님입니다. 그 부처님의 불성이 그때그때 인연 따라 이렇게 저렇게 움직이고 진동해서 양성자가 되고 전자도 되고 합니다. 이런 것을 우리는 깊이 생각해야 합니다.

내 몸뚱이가 대체로 무엇인가? 우리 중생의 제한된 눈으로 볼 때는 남자고 여자고 잘나고 못나고 하더라도 내내야 분석해 보면 산소나 수소나 탄소나 질소입니다. 더 분석하면 원자에 불과하단 말입니다. 원자가 무엇인가 해서 더 분석해 보면 하나의 참광명만 되고 말입니다. 가장 미세한 것은 그야말로 참광파라, 또는 광립자라 하나의 광명밖에 없단 말입니다. 광명 자체는 무엇인가 모릅니다.

그러나 부처님이나 성인들은 훤히 보는 것입니다. 성자는 번뇌가 없기 때문에 훤히 우주의 본바탕을 보는 것입니다. 그러기에 견성見性이라, '볼 견見' 자, '성품 성性' 자 말입니다. 불성을 보기 때문에 견성이란 말입니다. 불성은 무엇인가? 불성은 물질이 아닌 시간이나 공간성이 없는 천지우주의 근본 성품을 말합니다. 그런 불성을 봅니다. 불성을 못 보면 범부인 것이고, 불성을 보면 성자인 것입니다. 따라서 천지우주는 그와 같이 모두가 다 사실은 불성뿐이란 말입니다. 부처님뿐이란 말입니다.

그러기에 아까 제가 허두에서 몇 말씀 하다 말았습니다만 '법신각료法身覺了 무일물無一物'이라, 법신은 우주의 본래 모양, 본래 실상이 법신인데 법신을 깨달으면 무일물이라, 물질은 아무 것도 없단 말입니다.

'일체유심조一切唯心造'라, 일체유심조라는 말을 우리가 많이 씁니다. 그러나 '어째서 모두가 마음뿐인가?' 이렇게 깊이 생각을 잘 못합니다. 모두가 다 하나의 정신뿐, 순수한 생명뿐입니다. 물질은 없단 말입니다. 다만 순수한 생명이 이렇게 저렇게 진동함으로 해서 상相이 보인단 말입니다. 상이 보이니까 중생은 그 상만 봅니다. 법성法性은 못 보고 그 상만 봅니다.

불교라는 것은 모두가 상을 떠나 본성으로 가는 것입니다. 본래 성품을 본다고 생각할 때는 아까 말씀드린 바와 같이 어두운 세계가 없단 말입니다. 그때는 유명 세계, 어두운 세계가 있을 수가 없습니다. 본성품이 불성이기 때문에 항상 훤히 빛나 있단 말입니다. 죽지도 않고, 살지도 않고, 영원히 시공을 떠나 빛나 있는 그런 영생의 생명입니다.

그와 같이 부처님 자리는 조금도 변동 없는 또는 끝도 갓도 없이 충만해 있는 하나의 부처님 생명뿐이기 때문에, 또는 그런 불성으로부터 일체의 것이 나오기 때문에 잘나고 못나고 또는 재주가 있고 없고 모두가 다 불성 가운데 있는 기운입니다. 자비나 지혜나 모두가 다 불성 가운데 충만해 있습니다. 따라서 그 불성은 영원히 존재하고 또 거기에 들어 있는 성품 공덕은 한도 끝도 없습니다. 한도 끝도 없기 때문에 그런 공덕들을 한 말로, 한 개념으로 표현을 못 합니다.

따라서 어두운 세계를 다스리는 그런 부처님 공덕으로 해서 표현할 때는 지장보살이고, 자비로운 쪽으로 표현할 때는 관세음보살이고, 또는 지혜로운 면으로 말할 때는 문수보살이고, 약이나 의술로 중생을 다스리는 면에서는 약사여래입니다. 그리고 한 번에 다 몰아서 말할 때는 이른바 총대명사인 아미타불입니다. 내내야 우주의 근본생명은 하나의 생명인데 공덕이 하도 많으니까 공덕 따라 그때그때 이름이 붙는단 말입니다. 이렇게 알아서 회통을 딱 시켜버려야 합니다. 그러면 가령 지장보살님을 우리가 외운다 하더라도 관음보살이나 문수보살이나 또는 아미타불이나 다 거기에 포함되어 있단 말입니다.

우리가 이렇게 여기 촛불을 켜고 있습니다. 광명이 이렇게 있습니다만 이 촛불 빛이나 저 촛불 빛이나 서로 상충이 안 됩니다. 촛불이 이 법당 안에 몇십 개가 있다 하더라도 조금도 촛불의 광명과 밝음에 대해 다툼이 없습니다. 불꽃은 차이가 있다 하더라도 같이 다 혼연일체가 되어서 하나의 밝음만 있을 뿐이지 이 촛불 빛 따로 저 촛불 빛 따로 있지 않습니다.

그와 마찬가지로 천지우주에는 천만 번 부처님의 이름을 우리가 외운다 하더라도 부처님이 그때그때 따로따로 몸이 있는 것이 아니라, 아까 말씀드린 바와 같이 원융무애한 부처님인데 그때그때 공덕 따라 이름이 붙는 것이고 또는 부처님 지혜라는 것은 하늘의 별도 되고 또는 그야말로 태양도 되고 또는 달도 되고 또는 산천초목이 되고 인간이 되고 각 중생이 그 자리에서 나왔으니까, 그와 마찬가지로 그런 신통지혜가 한도 끝도 없습니다.

따라서 기도하면 그냥 일시에 천 개 만 개 부처님 광명이 될 수가 있습니다. 이 우주에 가득 차 있는 부처님의 모양이 될 수 있단 말입니다. 그러나 부처님 차원에서는 아까 말씀드린 바와 같이 원융무애한 하나의 불성입니다. 따라서 우리는 그와 같이 바른 이해를 한 후 공부를 하셔야 하는 것입니다.

오늘 천도를 받는 유주무주의 영가들이여! 오늘 이 자리에 모이신 사부대중이시여! 지옥이나 아귀나 축생, 또는 수라나 인간이나 천상이나, 천상도 아직은 번뇌를 다 끊은 세계가 아닙니다. 부처님의 세계만이 참다운 깨달음의 세계입니다. 우리는 결국 부처님 세계로 가야 합니다.

'일체중생一切衆生 개유불성皆有佛性이요, 일체중생一切衆生 개당작불皆當作佛이라', 모든 중생은 다 본래 생명이 부처거니 마땅히 부처가 되어야 하는 것입니다. 우리가 금생에 게으름 부리고 나쁜 짓 많이 한다 하더라도 종당에는 부처가 되는 것입니다. 다만 고생 고생하고 뱅뱅 돌다가 되겠지요.

개인적으로나 가정적으로나 우리 사회나 모두가 다 혼란스러운 것은 참다운 자기 본성품을 모르는 데서 옵니다. 본성품을 알면 본성품은 바로 밝은 것이고 또는 일체 공덕을 갖춘 것이 본성품이기 때문에 나쁜 말을 할 수 없고 나쁜 짓을 할 수 없습니다. 어떻게 하면 우리가 그런 어두운 세계를 떠나서 광명세계로 갈 수 있을 것인가?

어둡다는 것은 다른 것이 어두운 것이 아니라, 천지우주가 바로 보면 다 광명세계뿐인데 다만 우리가 지혜가 없어 그렇게 못 봅니다. 어두워서 못 봅니다. 따라서 그런 어리석음은 벌써 어두운 것이고, 어리석기 때문에 그때는 내내야 '나'를 고집합니다.

바른 지혜로 보면 내가 원래 물질이 아니기 때문에 몸뚱이를 우리가 한계를 세워서 '내 몸뚱이요, 내 손이요.' 할 수가 없습니다. 우리 중생은 잘 못 보니까 '나'라고 한계를 세우는 것입니다. 이와 같이 어리석어서 '나'라는 한계를 세운 다음에 나한테 좋게 하면 그때는 욕심을 낸단 말입니다. 이 몸뚱이에 조금 더 맛있는 음식을 먹이고 싶고, 이 몸뚱이에 보다 더 옷도 좋게 입고 싶단 말입니다. '나'라는 관념이 생겨버리면 나한테 대해 좋게 하고 싶단 말입니다. 그것이 욕심입니다.

그 다음에는 나한테 해로운 것, 내 몸뚱이에 대해 욕을 할 때 진심瞋心이라, 싫어하는 마음이 있단 말입니다. '나'라는 생각이 벌써 이와 같이 어두운 생각입니다. 욕심을 내면 낸 만치 더욱더 어두워집니다. 또 성내는 마음이 깊어지면 더욱더 어두워집니다. 이런 것이 모이고 쌓여서 더 집착하면 아까 말씀드린 바와 같이 지옥이란 말입니다. 탐심과 진심과 어리석은 마음이 투영되어서 가장 컴컴한 세계가 지옥세계 아닙니까.

인간이란 그보다는 좀 나아서 오계五戒를 지켰기 때문에 인간으로 온 것입니다. 살생을 않고 긍정적인 생각을 하고, 도둑질도 별로 않고, 음란한 짓도 않고 말입니다. 거짓말도 도둑질도 않고, 술 같은 것도 맑은 정신으로 덜 먹고 말입니다. 오계는 제법 지킨단 말입니다. 이렇게 함으로 해서 우리가 그래도 인간이 되었습니다. 인간이 되었다 하더라도 인간 그 자리에서 참다운 밝은 등불이 없으면, 참다운 지혜가 없으면 다시 인간으로 되고 또는 잘못 살면 그때는 지옥으로 들어갑니다. 따라서 가장 중요한 것은 앞서 말씀드린 바와 같이 밝은 지혜입니다.

지금은 우리가 너무 옹색한 생각으로 버릇되어 버렸기 때문에 '나'라는 관념을 버리기 어렵지요. 무아無我라고 하지만 그렇게 되기가 쉽지 않단 말입니다. 분명히 내가 있는데 왜 없다고 하는 것인가? 역시 그러한 것은 견성이라, '근본 성품 자리, 나의 근본도 불성이요, 너의 근본도 불성이요 천지우주가 불성뿐이다.' 이렇게 딱 본 뒤에는 분명히 무아가 되겠지요. 그러나 못 본 사람들은 아무리 재주가 있다 하더라도 안 보이니까 '무아'라 또는 '원래 소유가 없어야 한다.' 이런 말을 해도 실감이 잘 안 옵니다. 그러나 안 온다 하더라도 우리가 진리는 믿어야 하는 것입니다.

가령, 저 밖에 있는 대밭 너머에 차가 몇 대 있다고 합시다. 그 차를 본 사람은 '차가 있다.'고 합니다. '대밭 저쪽에 차가 몇 대 서 있습니다.' 한단 말입니다. 그러나 여기서 차가 안 보이는 사람은 '차가 없다.'고 하겠지요. '차가 없다.'고 부인하겠지만 분명히 그 차를 자기 눈으로 보고 와서 말하는 사람들의 말을 우리가 안 믿을 수 없습니다. 그와 똑같이 부처님께서나 각 도인들은 그런 인생과 우주의 본래 성품을 훤히 보신 분입니다. 보신 분들의 말을 우리가 안 믿을 수 없습니다.

그런 성인의 말씀을 안 따르면 그때는 고생이 한도 끝도 없단 말입니다. 인생고해人生苦海라, 생노병사의 고苦 또는 기타 가지가지 고생을 안 받을 수가 없습니다. 그럭저럭 삼독심三毒心으로 우리가 행복할 수 있다면 그때는 우리가 부처가 되려고 노력할 필요도 없겠지요.

그러나 사실은 우리가 그렇게 한다면 보다 심각한 인생의 고통의 구렁으로 안 떨어질 수 없습니다. 개인이나 사회나 가정이나 우리를 어두운 길로 이끌어가는 못된 어리석음 또는 탐욕심 또는 성내는 불끈한 마음 그런 마음을 떠나지 않고는 바른 생활을 할 수가 없습니다.

그러나 '나의 본생명도 부처요, 너의 본생명도 부처요, 천지우주가 다 본래로 부처라고 바로 보면 부처님이요, 우리 중생이 바로 못 봐서 내가 있고 네가 있고, 나쁜 것이 있고 좋은 것이 있다.' 이렇게 우리가 지혜로 알 때는 그야말로 참다운 화합이나 또는 참다운 행복의 길로 갈 수 있습니다.

부처님 은혜를 『화엄경』에 십종대은十種大恩이라고 풀이하고 있습니다. 십종대은 가운데 어떤 은혜가 있는가 하면 '은승창렬 은隱勝彰劣恩'이라, '숨을 은隱' 자, '수승할 승勝' 자 말입니다. 창렬이라, '나타날 창彰' 자, '용렬할 렬劣' 자 말입니다. 좋은 점을 감추고서 나쁜 점을 보이는 은혜란 말입니다. 도둑놈이나 그런 나쁜 사람들은 겉의 상相은 비록 나쁘게 보인다 하더라도, 본래는 부처기 때문에 부처의 자리에서는 김가라는 부처, 박가라는 부처, 부처가 둘이 아니란 말입니다. 근본은 똑같단 말입니다.

하나의 바닷물에서 천파만파 파도가 나온다 하더라도 똑같은 바닷물이듯이, 부처 가운데서 일체 만유의 중생이 나온다 하더라도 같은 부처입니다. 그러기에 자기 눈앞에서 나쁜 짓을 하더라도 그것이 상相뿐인 것이지 본래 나쁜 것이 아닙니다. 모든 만덕을 갖춘 부처님이 잠시간 인연 따라 상相으로 그와 같이 나쁘게 우리한테 보인단 말입니다.

불교가 불교인 점은 무엇인가? 그 이유를 분명히 알아야 합니다. 불교가 불교인 점은 인생과 우주의 본바탕을 안단 말입니다. 인생과 우주의 본래면목이 무엇인가를 우리가 아는 것이 불교입니다.

불교의 참다운 신앙은 자기가 지금 안 보인다 하더라도, '나나 너나 천지우주의 모든 생명의 본바탕은 부처님이다. 모든 공덕을 갖춘 부처님이다.' 이렇게 믿는 그것이 불교의 신앙입니다. 그렇게 믿음이 확실하면 '신만성불信滿成佛'이라, '믿을 신信' 자, '가득할 만滿' 자, 믿음만 확실하면 그때는 성불하는 것입니다. 참선도 않고 또는 염불도 않더라도 말입니다. 정말로 온전히 믿으면 성불합니다. 본래 부처거니 성불 못 할 이유가 없습니다. 잘나고 못 나고 지금 차이는 있다 하더라도 꿈을 깨면 다 같은 부처가 되어 버립니다.

그러나 우리는 버릇이 많기 때문에 금생에 길들여진 잘못 생각 하고 잘못 행동하고 잘못 말한 버릇, 과거 전생에 우리가 붙인 버 릇, 그런 버릇 때문에 그렇게 온전히 다 믿을 수가 없습니다. 그 래서 보통 불교 공부를 많이 했다 하더라도 아까 말씀드린 바와 같이 불성을 훤히 보는 분이 아니고서는 항상 회의심에 가리는 것입니다. '정말로 불성이 있을 것인가?' '정말로 불성이 빛날 것 인가?'라고 말입니다. 그래서 우리는 먼저 믿음을 자꾸만 심어야 하는 것입니다.

지장보살님도 한 번 부르고 두 번 부르고 그렇게 부르면 부르 는 만치 우리 마음이 정화되어 옵니다. '명호부사의名號不思議'라, 부처님 이름은 모두가 다 부사의한 힘이 있습니다. 관세음보살 이나 문수보살이나 모두가 다 우리 삼독심을 녹이는 힘이 있단 말입니다.

이 자리에도 염주를 헤아리시는 분이 많이 있습니다만, 모두가 다 한 번 헤아리면 한 번 헤아리는 대로 업장이 녹아지는 것입니 다. 따라서 우리는 그와 같이 먼저 딱 믿고 화두를 드는 사람들은 화두를 참구하고, 염불을 좋아하는 사람들은 염불하고 또는 주 문을 외우는 사람들은 주문을 외우는 그런 공부를 해야 하는 것입니다.

계戒도 지켰다 말았다, 했다 말았다 하면 큰 공덕이 없습니다. 여기 천진암 스님네가 3년 동안 지장보살을 모시듯이, 염불도 기도하려면 부단염불不斷念佛이라, '아니 불不' 자, '끊을 단斷' 자 말입니다. 간단이 없이 해야 합니다.

어두운 세계에서 헤매는 영가들이시여! 우리는 좋아서 고기를 먹습니다만 고기에는 축생의 탐욕심이 들어 있습니다. 그래서 고기를 먹으면 그때는 업장 많은 축생의 세포가 우리한테 들어오니 좋을 턱이 있습니까. 고기를 적게 먹어 보십시오. 우리가 그렇게 말썽 많은 고기를 수입할 필요가 있습니까.

오늘 천도를 받는 모든 영가들이시여! 사람이 낳을 때는 생유生有요, 사는 것은 본유本有요, 죽을 때는 사유死有요, 죽어서 가는 데는 중유中有입니다. 그 중유에서 사람으로 태어났다가 아직 갈곳을 못 가고 헤매는 그런 영가들이여! 축생 영가들이여! 우주에 있는 모든 영가들이여! 바로 볼 때는 그대들의 본모습도 역시 천진불天眞佛이거니, 부처님의 위없는 법문을 믿고, 바로 믿는다고 생각할 때는 온전히 믿음만 가지면 그대들이 앉은 그 자리가 바로 훤히 광명으로 빛나는 연꽃 연화대蓮花臺로 화하는 것입니다.

영가들이여! 그대들의 마음을 돌이켜서 본래는 나와 남이 없고 천지우주가 천차만별로 삼천대천세계가 구분되어 있다 하더라도 모두가 다 원융무애한 부처님뿐이거니, 지장보살을 외우나 관세음보살을 외우나 참다운 염불이라 하는 것은 그 자리를 안 놓치기 위해서 하는 것입니다. '나무아미타불이나 관세음보살이나 그냥 부처님한테 우리가 기원 드려서 도를 찾는다.' 그것은 방편에 불과한 것이고 참다운 것은 천지우주가 부처님이거니, 우리 중생은 너무나 버릇이 많아서 그냥 잊어버린단 말입니다. 그 자리를 잊지 않기 위해서 우리가 외우는 것입니다.

우리 사부대중이시여! 영가들이시여! 화두나 염불이나 주문은 모두가 다 우리가 본래면목 자리를 놓치지 않기 위해서 하는 것입니다. 달마스님께서 서쪽에서 오신 뜻이 무엇인가? 운문스님의 똥 마른 막대기라. 소중한 부처님을 똥 마른 막대기라. 달마스님께서 온 뜻은 우리 모두가 어두운 마음, 어리석은 마음을 헤치고서 성불하게 만들기 위해서 왔습니다. 그 성불하게 만드는 가르침, 부처님 가르침을 묻는데 똥 마른 막대기라, 이렇게 대답했단 말입니다. 똥 마른 막대기나 다른 모두가 다 바로 보면 부처님 뿐이란 말입니다.

원통한 것은 그와 같이 우리가 어두워서, 아까 말씀드린 바와 같이 어리석은 마음 또는 탐욕심 내는 마음 또는 성내는 마음 이런 마음이 컴컴하니까 이런 것에 가리어서 못 본단 말입니다. 우리 원수는 그것입니다. 우리는 사회에서 무슨 일이 있으면 남만 탓을 합니다. 물론 정치를 하는 분들은 제도도 바르게 해야겠지만 기본적인 원수는 자기한테 있는 것입니다.

우주의 본래면목, 천지우주가 부처님인데 부처님을 바로 못 보는 어리석은 마음 또는 어리석음을 더욱 깊게 하는 탐욕심, 더욱 깊게 하는 성내는 마음, 이것이 자기 원수입니다. 남을 탓할 아무 이유가 없습니다. 남을 탓하지 않고 자기한테 있는 어리석음, 탐욕심, 성내는 마음, 그 마음을 우리가 정화시킬 때에 우리 인간사는 그냥 즉시에 그야말로 광명정토, 영원히 화락한 세계가 될 것입니다.

오늘 우리 사부대중 또는 천도를 받는 영가들이시여! 내가 비록 못 났다 하더라도 나의 본래면목, 우주 존재의 본래면목은 천진불天眞佛이라 했습니다. 마땅히 천진불이란 말을 꼭 외우셔야 됩니다. 천진불이라, 우리 본래면목이 천진불입니다. 아무리 미운 자라도 천진불입니다. 천진불임을 믿고서, 천진불이 못되게 하는 원수인 어리석은 마음 또는 탐욕심 또는 성내는 마음, 이 마음을 제거해서 영생의 공부에서 염불도 그야말로 부단염불을 간단없이 하시기 바랍니다.

화두를 들더라도 그지없이 염념불멸念念不滅해서 생각 생각에 딴 생각이 못 끼어들게, 그렇게 하염없이 해야 한다고 말하면 '아! 그대 같은 스님들은 할 수가 있지만 우리 재가불자는 할 수 없다.' 이렇게 생각하실지 모르겠지만 재가불자님도 충분히 할 수 있습니다.

자기 아내나 자기 남편이나 자기 아들이나 또는 못된 놈은 물론 지금 먹는 음식도 바로 보면 모두가 다 부처님입니다. 아내를 봐도, 아들을 봐도 다 부처님이란 말입니다.

그러나 그런 가운데 다시 인연 따라 아내의 도리, 남편의 도리, 아버지의 도리들이 따로 있다 하더라도 역시 우리 근본 생각만은 '다 부처님이구나.' 이렇게 생각하면서 공부해 꼭 금생에 성불하시기를 바라마지 않습니다.

나무 아미타불!

나무 지장보살!

나무 관세음보살!

모든 한을 없애고
영생의 행복을 얻는 방법

생명평화 민족화해 지리산 위령제 천도 법어
2001년 5월 26일

우주에는 오직 하나의 진리가 있습니다. 자연도 우리 인생도 모두가 다 하나의 생명입니다. 그 하나의 진리, 이른바 불이법문 不二法門이라. 하나의 진리를 깨달은 분이 이른바 성인입니다. 따라서 석가모니나 공자나 노자나 예수나 마호메트나 그런 성인들은 하나의 진리를 깨달은 분들입니다. 우주는 하나의 생명인데, 하나의 생명을 깨닫지 못한 사람들이 중생이고 범부凡夫입니다. 인생의 여러 가지 개인적인 불행이라든가 또는 민족사의 그런 비극이라든가 모두가 다른 데 원인이 있는 것이 아니라 그 하나의 생명을 모르는 데 근본적인 원인이 있습니다.

오늘 우리 민족사의 수난 가운데 억울하게 산화하신 영혼들, 그러한 영령들의 품은 한恨은 영령들 개인적인 한인 동시에 우리

65

민족의 한이고 또는 우리 민족 자체의 무명無明의 소생입니다.

'나'라는 것은 자기 스스로 그 무지 때문에 업을 짓는 개인적인 죄업이 있고 또 공통적으로 인간 자체가 다 같이 짓는 공업共業이 있습니다. 그러므로 그러한 원인을 없애지 않으면 아까 말씀드린 바와 같이 원래 진리가 둘이 아닌 것인데 둘이라고 생각하고 셋이라고 생각하고 '불교만이 옳다.' 또는 '기독교만이 옳다.' 또는 '노자만이 옳다.' 이러한 가치관의 혼란 가운데는 필연적으로 현대사회의 비극을 면치 못하는 것입니다.

오늘, 하나님의 위신력 또는 부처님의 위신력에 따라서 이 자리에 나와 계시는, 지리산에서 유명을 달리하신, 우리 민족사의 불행과 더불어 사망하신 영령들이 이 자리에 분명히 계십니다.

영령들이여! 깊이 명심하시고 잘 들으시기 바랍니다. 영령들이나 우리 인간이나 모든 생명 존재가 그 과정 중에 있습니다. 사람은 사람대로 사람이라는 과정에 있고 또는 영령들은 영령대로 삶의 목적지로 가는 과정에 있습니다.

영령들이시여! 깊이 명심하시기 바랍니다. 영령들이 지금 어떻게 하는 것이 가장 올바른 길인가? 모든 존재의 본고향은 천당이고 바로 극락極樂입니다. 표현만 다른 것이지 절대로 둘이 아닌 것입니다.

영령들이시여! 천당이나 극락은 영생의 자리입니다. 어느 누구나 인생의 나그네 길에서 또는 영원히 그런 저승에서 헤매다가 필경 돌아가야 할 근본 고향이 바로 천당이고 극락입니다.

영령들이시여! 특히 명심하시기 바랍니다. 영령들이 그러한 여러 가지 업業, 또는 공업共業으로 해서 설사 한恨이 있더라도 한, 이것은 참으로 있는 것이 아닙니다. 우리 인간이 존엄하다거나 우리 인간이 그때그때 사실로 있다고 생각하는 것도 바로 보면 모두 다 환상에 불과한 것입니다. 내 몸이라 하는 것도 역시 고유한 실체가 있는 것이 아니라 이것 역시 각 원소가 합해서 잠시간 모양을 낸 것이지 실존적으로 과거나 현재나 미래나 언제나 있는 존재가 아니고, 이 시간 스쳐 지나가는 환상에 불과한 것입니다.

따라서 영령들이여! 제 명命대로 못 살다 간 그런 한을 절대로 품어서는 안 됩니다. 한을 품는다는 것은 결국은 무지에서 옵니다. 자기 몸뚱이 그것이 자기 것이 아니고 잠시 인연 따라 할애된 하나의 허망한 존재에 불과한 것인데 그런 것에 우리가 한을 품고 집착하고 애착할 아무런 이유가 없습니다.

산이나 물이나 공기나 모두가 따로따로 뿔뿔이 있는 것이 아니라 산도 내 생명과 더불어 둘이 아니고 물도 내 생명과 더불어 둘이 아닙니다. 우주생명, 우주의 순수한 에너지가 물에 가 있으면 불교적으로 표현하면 용왕이라 하고 산에 가 있으면 산신이라 하는 것입니다.

똑같은 하나인 우주생명이, 우주의 기氣가 어디 있는가에 따라서 차이가 있습니다. 우주의 기가 땅에 가 있으면 지장보살이라 하고 태양에 가 있으면 관세음보살이라 하고 별에 가 있으면 묘견보살이라 하는 것이지 따로따로 생명이 있는 것이 아닙니다. 가장 중요한 것은 무슨 사상, 무슨 주의, 무슨 이데올로기 같은 허상이 아니라 둘이 아닌 불이법문不二法門입니다. 진리가 절대로 둘이 아닌 하나의 법문이란 말입니다.

영령들이시여! 모든 한恨을 없애고 영령들이 돌아갈 고향인 천당이나 극락세계로 가서야 영령들이 영생의 행복을 보장받을 수 있는 것이고, 또는 영령들이 사랑하는 조국을 위해 봉사하는 것도 영령들이 저승이라는 방황하는 미혹된 세계를 벗어나야 되는 것입니다.

오늘 모든 종교를 초월해서 정성에 사무친 추도사를 해 주시고, 또는 열화와 같은 기도로 영령들이 보다 더 빨리 저승길에서 헤매지 않고 극락세계나 천상에 가도록까지 기원해 주셨습니다. 대단히 축복스러운 일입니다.

보이지 않지만 실존하는
불생불멸의 세계

덕원암 천도 법어

　이 세상에서 가장 부사의不思議하고 알 수 없는 존재가 바로 우리 마음입니다. 우리 마음은 보이지는 않지만 분명히 우리 인간 존재가 실존적으로 있다고 할 때 마음도 실재합니다. 그와 똑같이 부처님이라는 우리가 숭앙하는 신앙 대상도 역시 마음처럼 지금 보이지 않습니다. 그렇기 때문에 보이는 것을 중심으로 생각하는 분들은 '우리 마음도 허망한 것이다. 따라서 부처님도 허망한 것이다.' 이렇게 생각하실 수 밖에 없습니다.

　그러나 우리 마음이 실존적으로 분명히 있다고 할 때 부처님도 분명히 계신 것입니다. 그리고 우리 마음과 부처님은 이질적인 존재가 아니라 똑같은 생명의 실상實相입니다. 이 세상에서 최고, 최상의 그런 형용사를 붙일 수 있는 것이 바로 우리 마음의 본체입니다. 그런가 하면 또한 이 세상에서 가장 더럽고 가장 비열하고 위선적인 것도 역시 우리 마음입니다. 그렇기 때문에 마음 잘 쓰면 부처요, 마음 잘못 쓰면 바로 지옥이요, 축생畜生이고, 또는 아수라阿修羅인 것입니다.

우리 불자님들! 부처님 가르침을 지금 제대로 공부하고 계십니까? 저는 법회 때마다 가끔 인용을 합니다만 그 마하트마 간디 같은 성인聖人이 기독교를 평할 때 "나는 예수를 좋아한다. 그러나 나는 크리스찬을 싫어한다. 왜 그런가 하면 그네들이 예수를 따르지 않으니까 싫어한다."라고 말했습니다.

이런 점은 우리 불교에도 해당된다고 생각합니다. 과연 우리가 부처님을 제대로 따르고 있는 것인가? 부처님을 제대로 닮고 있는 것인가? 칠순이 될 때까지 부처님을 의지해서 한 50년 세월 동안 지내온 저 같은 사람 역시 '부처님을 제대로 따르고 있는 것인가? 부처님을 닮고 있는 것인가?' 이렇게 생각할 때는 참괴무참慙愧無慙합니다. 과거를 생각해 보면 조금씩 애는 썼지만 온전히 부처님을 닮아보지를 못했습니다.

부처님의 가르침은 무궁무진합니다만 우선 소승小乘과 대승大乘의 구분을 여러분들이 분명히 아셔서 소승적인 차원을 떠나 대승적인 차원으로 우리 마음을 열어야 됩니다.

어떠한 것이 소승이고 어떠한 것이 대승인가? 여러 가지 복잡한 교리 체계가 있지만 우선 간단히 한 말씀으로 하면 소승은 부처님을 석가모니 부처님으로 한정 짓지만 대승은 석가모니 부처님이 나오시고 안 나오시고 상관없이 과거나 현재, 미래 언제나 실존적으로 계시는 부처님을 말합니다. 이른바 법신法身 부처님입니다. 소승의 가르침에는 법신 부처님이라는 말이 없습니다.

아까도 말씀드렸습니다만 우리 마음과 부처님은 온전히 한 몸, 한 생명입니다. 내 마음, 이것은 물질이 아닙니다. 시간성이나 공간성이 있는 것이 아닙니다. 시간성이나 공간성이 없다고 생각할 때 마음은 내 몸에 국한되어 있는 것이 아니라, 우주에 끝도 갓도 없는 무량무변無量無邊한 생명의 존재입니다. 마음을 연다는 것도 자비를 좀 베풀고 남한테 봉사도 하고 자기 가족은 훨씬 더 사랑하고, 이웃에게도 더 관심을 두는 정도로는 참다운 것이 못됩니다.

마음을 연다는 것은 이른바 무아無我라, 내가 없다는 소식을 알아야 마음을 여는 것입니다. 어째서 내가 없는 것인가? 방금 제가 말씀드린 바와 같이 마음은 모양이 없습니다. 모양이 없으면서도 분명 있단 말입니다. 모양이 없으니 내 것이라고 할 수 있는, 내 소유라고 할 수 있는 것은 아무 것도 없습니다.

우리는 부처님 말씀을 닮아야 합니다. 그래야 부처님의 무한 공덕功德이 우리한테도 미쳐지는 것이지 부처님을 닮지 않고 부처님 공덕이 우리한테 올 수는 없습니다. 법신 부처님, 석가모니 부처님이 나오시고 안 나오시고 상관없이 과거·현재·미래를 통해 영생불멸하게 나지 않고 죽지 않는 참다운 부처님, 이 부처님은 그냥 영생불멸하는 정도에 그치는 것이 아닙니다. 그 가운데 만공덕장滿功德藏이라, 헤아릴 수 없는 무수무량의 공덕이 온전히 다 갖추어 있습니다. 법신 부처님이 바로 우리 마음의 본성품이기 때문에 우리 마음도 역시 그와 같이 한없는 공덕을 다 갖추고 있는 것입니다. 그렇기 때문에 우리가 바로 믿으면 그 마음 공덕功德을 다 실현할 수 있는 것입니다.

기독교 마태복음서에 이런 대목이 있습니다. 예수가 자기 제자들한테 하는 말씀인데 "그대들이 겨자씨만 한 신앙심이 있다면 앞에 보이는 산을 보고 저쪽으로 옮겨 가라고 하면, 틀림없이 옮겨 가는도다." 이랬단 말입니다. 불자님들 실감 안 나시지요. 아무리 공부를 한 성자라 하더라도 산을 어떻게 움직일 수 있겠는가. 그러나 그렇게 할 수 있는 것입니다. 예수가 거짓말을 할 리가 만무하지 않습니까.

법신法身 부처님, 불성佛性이라는 것은 물질이 아닙니다. 우리 마음이 물질이 아니기 때문에 우리 몸뚱이라 하는 것은 마음의 업식業識 따라 잠시 인연으로 합해진 것입니다. 물질이 아닌 시간성, 공간성이 없는 업식이 잠시 인연 따라 모인 세포가 우리 몸이기 때문에 이것도 사실 참말로 있다고 보기는 힘든 것입니다. 부처님을 믿는데 부처님의 실상實相을 알고 믿어야 우리에게 부처님이 갖추고 있는 공덕이 옵니다.

아까 말씀드린 대로 석가모니 부처님뿐 아니라 석가모니 부처님을 포함한 모든 존재의 실상이 바로 부처님입니다. 우리는 우리가 믿고 있는 신앙의 대상을 너무나 소홀히 생각합니다. 신앙이라 하는 것은 백 퍼센트 믿어야 하는데 그 신앙 대상의 공덕이 제한된다거나 또는 인격이 온전하지 못하면 참다운 신앙이라고 할 수 있겠습니까. 허망虛妄 무상無常한 자기 생명, 자기 몸뚱이를 다 바치더라도 조금도 회한이 없다 할 정도로 신앙이 되어야 온전한 신앙이 될 것인데, 신앙 대상에 대한 공덕을 믿지 못하면 그렇게 될 수가 없습니다.

오늘 많은 영가들을 천도薦度합니다만, 우리가 잘못하면 부처님 법을 닦는 것을 뒤로 미루고 영가 천도에만 매달리는 폐단이 있을 수도 있습니다.

그러나 영가들이 모양이 안 보인다 해서 없는 것이 절대로 아닙니다. 우리 마음이 모양이 없으면서 존재하듯이 영혼들도 분명히 존재합니다. 우리가 죽어지면 죽어 있는 생生이라, 이른바 쉬운 말로 하면 저승에서 헤매는 것입니다.

금생今生에 바로 살았으면 지은 대로 극락極樂도 가고 또는 십선업十善業을 닦았으면 천상도 가고, 또 오계五戒를 잘 닦았으면 다시 인도人道 환생도 하는 것입니다. 오계마저도 제대로 못 닦은 때는 자기가 지은 대로 분명히 지옥도 가고 축생畜生도 되고 또는 아귀餓鬼라 하는 귀신도 됩니다.

현상적인 눈에 보이는 그런 세계만 긍정하는 현대인들은 '영가를 천도薦度한다.'라고 하면 자칫 미신시하기 쉽습니다. 그러나 절대로 이것은 미신이 아닙니다.

부처님께서도 시아귀施餓鬼라, '베풀 시施' 자, 아귀에게 음식을 베푸는 법회를 엽니다. 음식을 구하지만 미처 얻지 못하는 것이 아귀 귀신세계인데, 구하기는 구하지만 얻지를 못 하는 고통이 굉장히 크지 않습니까. 이른바 구부득고求不得苦라, 그 구부득고가 우리 중생세계에도 있지만 특히 아귀세계는 더욱더 치성합니다. 먹고는 싶지만 사람처럼 입이 있는 것도 아니고 아귀 목구멍은 사람들에게 보이지 않을 정도로 작은데 어떻게 음식을 넘길 수 있겠습니까. 그렇기 때문에 애써 구하지만 얻을 수 없단 말입니다.

시아귀施餓鬼라, 자기 후손들이나 또는 불자님들이 음식을 차려 놓고 바치지만 가까스로 냄새만 맡지 먹을 수가 없습니다. 냄새, 그것 역시 부처님 법문이 들어가야 이른바 법식法食이라, 비로소 냄새를 맡을 수 있단 말입니다. 그것이 바로 아귀의 음식이 됩니다.

우리 불자님들이시여! 오늘 천도를 받는 영가들이시여!

전쟁에서 죽은 영가들, 또는 돼지 영가, 소 영가, 닭 영가, 뱀들의 영가 말입니다. 그런 영가들이 한도 끝도 없이 많습니다. 그래서 자연계가 천변지이天變地異라, 폭풍우가 일어나고 그런 몹쓸

병이 많이 일어나지 않습니까. 그런 것들도 영가들하고 관계가 전혀 무관한 것은 아닙니다. 여러 가지 이유가 다 있겠지만 우주의 그런 부조화스런 기류 또는 모든 곤충이나 이른바 병균들도 역시 영가들하고 아주 상당히 깊은 관계에 놓여 있는 것입니다. 눈에 안 보이는 영가니까 우리 주변에서 그러한 것이 더 번식이 되더라도 알 길이 없단 말입니다.

영가들이시여! 부처님 법문을 깊이 들으시고 중음계中陰界라 하는 세계를 떠나셔야 됩니다. 우리 사람의 마음과 똑같이 영가들의 마음도 바로 불심佛心입니다. 또는 개나 소나 그런 영가들의 마음도 역시 불심입니다. 우주만유가 불심에서 이루어졌습니다.

이런 도리가 불교의 술어로 하면 법계연기法界緣起라, 또는 법성연기法性緣起, 여래장연기如來藏緣起입니다. 불심佛心이라 하는 한도 끝도 없는 생명의 실체가, 모든 공덕을 갖춘 생명의 실체가 그때그때 자기의 갖추어진 인연 따라 태양이 되고, 달이 되고, 해가 되고, 인간이 되고 했던 것입니다. 그렇기 때문에 우주란 것은 깊이 들어가 보면 모두 다 부처님뿐입니다.

부처님 아니고는 아무 것도 없는 이른바 화엄사상의 화장세계華藏世界라, 화장세계란 특별히 빛나는 어느 세계가 따로 있는 것이 아니라 사실은 우리가 사는 이렇게 모순으로 차 있고 위기일발의 무섭고 어려운 세계 역시 화장세계입니다. 다만 우리 중생의 때묻은 눈으로 봐서 제대로 볼 수 없을 뿐입니다.

우리는 복福을 짓지 않고 복을 받으려고 애씁니다. 그러나 복만 지으면, 원인만 지으면 그때는 '복불가피福不可避'라, 복은 피할 수 없이 우리에게 오고야 맙니다. 그런데 우리가 그 반대의 행동을 할 때는 '고불가피苦不可避'라, 인생고를 피하려야 피할 수가 없습니다. '어떠한 것이 인생고를 초래하는 원인인 것인가? 어떠한 것이 우리의 참다운 행복과 아울러서 영생의 행복을 우리한테 보장하는 그런 원인이 될 것인가?' 이런 것을 아는 것이 불교입니다.

우리 불자님들 눈에 마음이 안 보여도 분명히 있고 부처님이 안 보여도 분명히 부처님이 우주에 충만해 계시듯이 부처님은 앞에서 말씀드린 바와 같이 한계가 있는 물질이 아니기 때문에 우리 마음에나 몸에나 또는 공기에나 물에나 어디에나 다 들어 계십니다. 모두가 다 부처님으로 되어 있습니다.

우리가 안목이 밝을 때는 흙을 보나 물을 보나 사물을 보나 진여불성眞如佛性뿐입니다. 우리 중생의 업業에 가려서 인간 정도의 업을 짓기 때문에 우리 스스로 한계 있게 봅니다.

우리가 '밉다'고 해서 꼭 실존적으로 미운 것이 아닙니다. '좋다'고 해서 꼭 좋은 것도 아닙니다. 영원적인 차원, 그 불성佛性의 차원에서 보는 것이 바로 보는 것인데, 불성 차원에서 볼 수 있는 것은 성자만이 그렇게 봅니다. 같은 물도 사람이 볼 때는 우리가 먹는 물 아닙니까. 거기에 사는 고기가 볼 때는 고기가 사는 집입니다. 천상사람들이 볼 때는 청정한 유리보배로 보인다는 것입니다.

부처님께서는 어떻게 보실 것인가? 청청한 부처님 안목, 번뇌를 떠나버린 실상實相을 실상대로 볼 수 있는 부처님 안목으로는 모든 존재, 물이나 산이나 모두가 다 진여 불성으로 보입니다. 극락세계는 그런 세계입니다.

우리 불자님들이시여! 오늘 천도를 받은 영가들이시여! 극락세계만이 실제 존재하는 실존적인 세계입니다. 그 세계는 이 우주가 생성되기 전에도 존재하는 세계입니다. 이러한 세계는 물질적인 한계가 있는 세계가 아니기 때문에 사람의 생사에도 관계가 없는 것입니다.

천지우주가 이루어지고 또는 중생이 살고 파괴가 되고 또는 텅텅 비어 버리는 공겁空劫이 되어도 극락세계라는 참다운 세계는 아무런 영향을 받지 않습니다. 그러므로 낳지 않고 죽지 않는 것입니다. 이른바 무생無生의 세계입니다. 낳지 않는 세계란 말입니다. 인연 따라 새삼스럽게 낳지 않는 것이기 때문에 또 그때는 없어질 필요도 없습니다.

『반야심경般若心經』은 짤막한데도 그런 도리가 다 들어 있습니다. 불생불멸不生不滅이라, 원래 진리는 낳지도 않고 죽지도 않는 것입니다. 따라서 더하지도 않고 덜하지도 않습니다. 그렇기 때문에 오염될 것도 없고 오염을 받을 것도 없습니다.

부처님 가르침은 일체의 가르침을 다 포함하고 있습니다. 우리가 금생今生에 부처님 가르침을 믿었다는 것은 얼마나 전생에 복을 많이 지었던가 스스로 반조를 안 할 수 없을 정도로 행복스러운 것입니다.

국가적으로 지금 겪고 있는 이 경제한파 또는 세계적인 위기 상황, 무서운 이데올로기 싸움 등도 모두 다 우리 인간 존재가 바로 보지 못해서 그런 것입니다. 바른 가치관, 인생관이 없다는 말입니다. 바꾸어 말하면 철학의 부재, 철학의 빈곤이라. 현대는 다 아시는 바와 같이 과학만능 시대이고 과학으로 인해 우리의 생활이 편리하고 풍요를 누리고 있습니다. 그러나 과학은 형체가 있는 한계, 상대적인 경계밖에는 모릅니다.

물질의 근본 본체를 아는 것은 종교뿐입니다. 종교도 부처님 가르침 같은 아주 궁극적인 종교뿐입니다. 다른 성인들은 부처님처럼 진리당체를 궁극적으로 다 밝히지는 못했습니다. 부처님 가르침만이 하나부터 백까지 모두를 다 훤히 밝게 가르친 훌륭한 가르침입니다.

우리 불자님들, 오늘 천도를 받은 영가들이시여! 중음계中陰界라 하는 어두운 세계를 떠나야 합니다. 여러분이 과거 생에 잘못 살아서 원인을 지어 지금 지옥고를 받고 있습니다. 욕심이 너무 많아 욕심 때문에 아귀餓鬼라는 고통을 받고 있습니다. 철학도 못 배우고 과학도 못 배우고 참다운 진리를 못 배웠기 때문에 개나 소나 돼지나 그런 축생의 고통을 받고 있습니다. 또는 투쟁을 좋아하고 걸핏하면 진심瞋心을 많이 내는 생활을 한 분들은 틀림없이 아수라阿修羅 세계에서 싸움으로 자기 생명을 낭비하고 있습니다.

어디에 계시든지 간에 그러한 모든 생명 존재의 근본은 부처님입니다. 지옥도 근본은 부처님이요, 아귀도 근본은 부처님이요, 또는 축생畜生도 근본은 부처님이요, 싸움 좋아하는 아수라 세계도 근본은 다 부처님입니다. 사람을 살해하고 사형 선고를 받아서 곧 사형 집행이 될 그런 사람들 역시 똑같이 다 본래 성품은 부처님입니다. 이런 것을 다 알 때 사회의 부조화는 순식간에 사라지고 맙니다.

그러기에 『관심론觀心論』에서, 『관심론』은 그 전에는 달마達磨스님께서 지으신 것으로 되어 있으나 요즘은 신수神秀스님의 저작이라 하기도 합니다. 달마스님의 말씀이 아닌 신수스님의 말씀이라 해도 모두 다 진리 말씀입니다. 거기에 이런 말씀이 있어요. '약능요심만덕구비若能了心萬德具備'라, 제가 풀어서 말씀드리면 만약 우리 마음이 무엇인가 깨닫는다면 만덕萬德이 구비具備라, 만덕을 다 갖추게 된단 말입니다. 따라서 개인적인 고뇌나 개인적인 몸의 아픔, 가족의 갈등이나 민족의 불행이나 모두 마음을 깨닫는 쪽에 초점을 두고 생활하면 다 해소가 됩니다. '홍로일점설紅爐一點雪'이라, 뜨거운 화로에 한 점 눈이 녹아버리듯이 해소된다는 가르침입니다.

따라서 우리 생활을 앞으로 어떻게 할 것인가? 이것은 어려운 길이 절대로 아닙니다. 부처님한테 가는 길이 제일 쉬운 길입니다. 부처님을 찾으려고 애쓰며 몇십 년 동안 지내온 저 같은 사람도 그때그때 많은 경험을 하고 또는 체험을 해서 실증도 어느 정도는 많이 했습니다.

아까 말씀드린 바와 같이 부처님 가르침대로 믿는 것이 제일 쉽고 제일 편한 것입니다. 그렇기 때문에 달마스님 법문에도 '안심법문安心法門'이라는 것이 있어요. 안심법문이라, 부처님 법문은 안락법문安樂法門입니다. 참 쉬운 법문입니다. 왜 그런가 하면 우주란 것은 우주의 법 따라서 움직이고 있습니다. 눈이 오고 비가 오고 모두가 다 우주의 법도 따라서 움직입니다. 그런데 의식이 발달된 우리 인간은 우주의 법도대로 잘 못 따른다는 말입니다. 잘못된 생각으로 잘못된 말도 하고 잘못된 행동도 합니다. 그러니까 필연적으로 고통의 씨앗을 심은 것이니 필연적으로 인생고를 받습니다.

우주의 법도란 무엇인가? 이것은 바로 부처님의 계율戒律과 부처님한테 마음을 집중시키는 선정禪定입니다. 또는 '우주 자체가 바로 부처님이다.' 이렇게 느끼는 지혜, 이것이 바로 불교의 정견正見이란 말입니다.

같은 정견도 소승 정견과 대승 정견의 구분이 있습니다. 소승 정견은 그냥 '모두가 다 허망虛妄 무상無常하다.' '이런저런 것이 인연 따라 낳으니까 이것저것이 허망하고 무상하다.' 그러니까 '모두가 다 허망한 공空이다.' 이런 정도만 말씀을 했습니다. 허망하고 무상한 것은 사실입니다. 인연 따라 생겨난 인연생의 존재는 모두가 다 허망하고 무상합니다. 실상이 없습니다.

우리 인간이 느끼는 '내가 있다. 네가 있다. 내 것이다. 네 것이다. 좋다. 궂다.' 하는 생각은 분명히 실상實相이 아닙니다. 그렇기 때문에 이런 것은 무상하고 허망하고 결국은 '공'이란 말입니다. 그러나 그 '공'이 허망이 아닌 생명의 본체, 이것은 이른바 진여불성眞如佛性입니다. 우주의 '진리'인 동시에 바로 '부처님의 성품'입니다. '법성法性'이나 '주인공'이나 또는 '실상'이나 '열반涅槃'이나 또는 '도'나 '진리'나 '하나님'이나 모두가 다 같은 뜻인데 이런 자리에서는 허망한 것이 아닙니다. 끝도 갓도 없이 우주에 충만해 있는 생명이기 때문에 '비로자나불毘盧遮那佛'이라, 이것은 인도음인데 '광명변조光明遍照'라 번역됩니다.

부처님의 마음이 안 보이듯이 우리 중생은 그 자리가 안 보이니까 '보이는 것이다'라고 생각해서 보이는 것 때문에 노예가 된단 말입니다. 불교는 심심미묘한 가르침입니다. 그렇기 때문에 아까 제가 말씀드린 바와 같이 눈에 안 보이는 세계, 형이상학적인 세계를 긍정하지 않으면 불교가 못됩니다. 어려우셔도 부처님께서 말씀하신 올곧은 정견을 가져야 부처님한테 오는 공덕功德을 입

81

을 수가 있습니다.

아까 법회 시작하기 전에 여러 분들이 아프고 집안도 잘 안된 다고 저한테 호소를 많이 하셨습니다. 그러나 그분들이 고생이 라고 느끼는 것은 사실은 허무한 것입니다. 자취가 없는 것입니 다. 자취가 없는 것을 우리가 자취가 있다고 생각합니다. 우리 범 부들은 없는 것은 있다고 생각하고 참말로 있는 것은 없다고 생 각합니다.

이런 도리를 영가永嘉 현각玄覺스님이 『증도가證道歌』에 여실하 게 표현했습니다. '몽리명명유육취夢裏明明有六趣 각후공공무대천 覺後空空無大千'이라, 우리 인간은 지금 꿈을 꾸고 있는 것입니다. 내 몸뚱이가 내가 생각한 이대로 있다고 생각하는 것도 꿈입니 다. 고유한 내 아내, 내 남편, 내 아들, 내 소유인 내 재산, 이렇게 생각하는 것도 꿈속의 잠꼬대나 똑같습니다. 실제로 그런 것이 아닙니다.

그래서 현각스님도 '몽리夢裏', '꿈 몽夢' 자, '속 리裏' 자, 꿈속에 본다고 생각할 때는 '명명유육취明明有六趣'라. 명백히 지옥이고, 아귀고, 축생이고, 인간이고, 아수라고, 천상이 있단 말입니다. 여러분도 그러시지요. 분명히 내가 있고 네가 있고 축생도 있고 또는 천상은 안 보이지만 조금 맑아져서 천안통天眼通을 하면 천 상도 보인단 말입니다. 분명히 있는 것입니다.

'각후공공무대천覺後空空無大千'이라. 깨달은 뒤에 정말로 우주의 실상實相을 보는 안목으로 볼 때는 '무대천無大天'이라, 내가 있는 것도 아니고 네가 있는 것도 아니고 하늘에 있는 천체나 달이나 별이나 태양도 사실 있는 것이 아닙니다. 지금 오온五蘊이 화합되어서 움직이고 있습니다. 변하고 있단 말입니다. 내 몸뚱이도 세포가 화합되어 변동하고 있습니다.

우리 중생은 그 변동이 안 보입니다. 그렇게 아서서 정견正見을 가지셔야 불교를 비로소 바로 아는 것입니다. 그래야 정견을 가지시게 되는 것입니다. 그래야 인생고를 떠나서 부처님께서 말씀하신 영생의 해탈解脫을 얻을 수 있습니다. 그냥 재산 좀 더 많이 모이고 또는 내 몸이 더 건강한 그런 정도의 가르침이 아닙니다. 또 부처님 가르침을 우리가 온전히 믿는다면 어지간한 병 같은 것은 사실 다 물러가고 마는 것입니다.

아까 말씀드린 바가 있지 않습니까. 예수가 그와 같이 산을 움직일 수 있다고 정말로 백 퍼센트 믿는 때는 우리 스스로도 신통을 다 할 수 있는 것입니다. 내 몸이 하늘로 솟아오른다고 꼭 믿고 살 때는 그렇게 되는 것입니다. 부처님을 위시해서 위대한 도인들이 신통을 얼마나 많이 했습니까. 신통은 외도外道만 있는 것이 아닙니다. 우리는 불성공덕佛性功德을 본래로 갖추고 있습니다. 삼명육통三明六通도 갖추고 있습니다. 과거도 훤히 보이고 미래도 훤히 보고 자기 몸도 자기 마음대로 할 수 있고 그런 무한신통을 온전히 구족원만具足圓滿이라, 갖추고 있기 때문에 우리 인간성은 존엄스럽고 위대한 것입니다.

그 하찮은 것 때문에 우리 생명을 낭비하지 마십시오. 영생으로 비약할 수 있는데, 있지도 않은 것 때문에 우리가 낭비를 많이 합니다. 본래에서 볼 때는 나도 없고 너도 없고 무아無我의 도리인데 감투인들 어디에 있습니까. 간디 같은 대철인, 양심의 표본 같은 그런 분들이 볼 때에 예수를 닮지 않은 크리스찬이 좋게 안 보인단 말입니다. 그와 똑같이 우리 한국이나 일본이나 볼 때는 부처님을 닮지 않은 우리 불교인들이 좋게 안 보이겠지요.

바로 살기가 참 쉬운 것입니다. 기차가 레일을 떠나 비켜서면 전복되지 않습니까. 우리는 지금 우주의 도리를 못 따라가지 않습니까. 그러니까 우리가 불행하기 마련입니다. 우리나라가 위기 상황을 겪게 마련입니다. 우리가 지어서 우리가 받습니다. 남을 지나치게 좋아하고 남을 지나치게 미워하는 것도 모두 다 허망한 것입니다. 아무런 가치가 없습니다. 나도 해치고 남도 해치는 것입니다.

불자님들, 고기 먹지 마십시오. 저번에 어디 가서 보니까 생명 나누기 운동을 하는 분들도 역시 고기를 먹고 있었습니다. 생명 나누기 운동을 하면서도 고기를 먹는단 말입니다. 얼마나 모순입니까. 생명 나누기 운동, 그냥 '산 생명만 조금 보살핀다.' 그런 정도가 아니란 말입니다. 또 '사람한테 우리가 장기를 보시한다.' 그것만이 아니란 말입니다. 개나 소나 돼지나 다 똑같은 생명입니다. 근본은 다 부처입니다.

따라서 우리도 과거 전생에는 개나 소나 돼지나 그렇게 되었던 것입니다. 우리가 기르는 개가 과거 전생 어느 때의 어버이일 수도 있습니다. 그런 고기를 우리가 먹는단 말입니다. 죽이기는 남이 죽이고 먹기는 자기가 먹고 얼마나 용렬한 짓입니까.

부처님 가르침은 그런 가르침이 아닙니다. 우리 생명을 온전히 바치고도 조금도 회한이 없는 가르침입니다. 부처님의 과거 전생담을 보면 부처님께서 살타 왕자 때 새끼를 아홉이나 낳고 주려서 죽게 된 범한테 조금도 아낌없이 자기 몸을 바쳤습니다. 그 덕에 살타 왕자는 한 겁도 무량한 세월인데 12겁劫이나 빨리 성불成佛했단 말입니다. 여러분들이 우리의 몸뚱이를 부처님 법을 위해 몽땅 바친다면 그와 같이 몇 겁을 더 빨리 성불하는 것입니다.

자기 몸뚱이 아낀다고 더 건강한 것은 아니지 않습니까. 고기를 먹어서 절대로 살로 안 갑니다. 피로 안 갑니다. 생각해 보십시오. 어려서 돼지 죽이는 것을 여러 번 봤습니다. 돼지를 죽일 때 동네가 떠나가도록 아주 원망스러운 소리를 냅니다. 거기에 진심瞋心이나 원망이 얼마나 사무치겠습니까. 그 고기에는 그 원망과 진심이 가득 차 있습니다. 돼지는 사람보다 훨씬 더 진화가 더딘 것입니다. 그런 고기가 보다 더 진화된 우리 세포에 들어올 때에 우리 세포가 좋겠습니까. 고기 먹고 싶은 하찮은 버릇은 버리셔야 됩니다. 아무런 도움이 안 됩니다.

앞서 말씀드린 바와 같이 부처님 가르침은 우주의 도리이기 때문에 우리가 우주의 궤도에 따라야 됩니다. 우주의 도리에 안 따르면 궤도를 벗어나기 때문에 전복될 수밖에 없습니다.

영가들이시여! 부처님 법은 영생의 행복을 보장하는 법입니다. 영가들이 지금 계시는 중음계中陰界는 괴로운 세계입니다. 구해도 구하지 못하고 먹고 싶어도 먹지 못하는 세계입니다. 또는 고통이 한도 끝도 없는 무간지옥無間地獄의 고통입니다.

영가들이시여! 부처님 말씀을 깊이 새기십시오. 영가들의 본래 생명은 바로 부처님입니다. 따라서 그 자리, 부처님 자리를 굳건히 믿고서 조금도 의심 없이 믿어야 신앙이 됩니다. 의심 없이 믿는 때에는 부처님 공덕功德이 온전히 자기 공덕이 됩니다.

영가들이시여! 바른 견해를 가지고 바른 행동을 취해서 꼭 극락세계에 왕생하시기 바랍니다. 극락세계는 영생해탈의 세계이고, 광명의 세계입니다. 행복만이 있는 세계입니다. 극락세계는 우리가 떠나온 고향이고, 우리 중생은 실향민입니다. 극락세계에 왕생하시기 바랍니다.

우리 불자님들, 부처님 계율戒律은 우리 인간이 성불하기 쉬운 하나의 법도입니다. 그 계율을 떠나면 되겠습니까? 자기가 자기의 행복을 훼손시키면 되겠습니까? 부처님 말씀, 선지식들 말씀을 신수봉행해서 꼭 금생에 본래 가지고 있는 부처의 도리, 누구

한테 꿀 것도 없는 부처님 가르침을 깨달아 영생의 행복을 누리
시길 간절히 빌어마지 않습니다.

　나무 석가모니불!
　나무 시아본사 석가모니불!
　나무 마하반야바라밀!

헛된 망상을 떠나
실상의 자리에 이르는 지혜

대명사 천도 법어
1993년 8월 21일

굿은 날씨에 오시느라고 고생 많이 하셨습니다. 이 기상이변 때문에 여러 가지로 우리가 고난을 많이 겪습니다. 그러지 않아도 우리 인생살이가 한세상 살기 어려운 것인데 이렇게 일기마저도 불순하니까 더욱더 고난이 심각해집니다. 일기라는 것이 우순풍조雨順風調라, 비도 적당히 오고 바람도 순탄하면 좋을 것인데 그렇게 되지 않아서 우리가 살아가는 데 장애를 많이 받습니다.

사실은 이 바람이나 비 등도 우리 인간의 생활과 무관하지 않습니다. 여러분들이 대체로 아시는 바와 같이 오존층 파괴란 말이 있지 않습니까. 오존층은 태양과 지구 사이에 있는 성층권도 미처 못 가서 오존을 많이 포함하고 있는 대기층입니다. 그런 오존층이 있으니까 태양광선이 지구까지 온다 하더라도 대체로 우리 인간에게 유해한 광선은 다 흡수해 버리고 가리어서 인간에게 유익한 광선만이 오는 것이니까 우리가 이 태양광선을 제대로 받고 삽니다만 만일 오존층이 없다면 우리 생활에 유해한 광선이 오기 때문에 우리가 지대한 장애를 입게 됩니다.

그런데 산업사회는 에너지를 소모하지 않을 수 없지 않습니까. 에너지를 소모하다 보면 이른바 이산화탄소, 그 탄산가스라 하는 것이 생성되어 차근차근 더 쌓이고 농도가 짙어지기 때문에 오존층을 파괴하게 됩니다. 오존층을 파괴하면 아까도 말씀드린 바와 같이 태양으로부터 우리한테 무익한 해로운 광선이 올 수 있는 것이고 또는 비나 바람이나 그런 것도 역시 나쁜 영향을 받아 순탄하게 내릴 수가 없습니다.

거기다가 더 중요한 문제는 우리 인간의 마음도 이 기상 관계와 무관하지 않다는 것입니다. 우리 인간이 남을 지독하게 미워할 때는 미워하는 그 마음이 우리가 사는 주변 공기를 오염시키고 동시에 또 나쁜 쪽으로 이산화탄소보다도 더 독한 쪽으로 공기를 오염시키는 것입니다. 욕심을 많이 부리는 탐욕심 역시 우리 분위기, 우리가 사는 공간 세계를 오염시킵니다. 그런 것도 아까 말씀드린 바와 같이 비가 더 많이 오고 어떤 때는 그야말로 태풍도 불고 하는 것과 밀접한 관계가 있습니다.

그렇게 생각하면 우리가 지금 맞이하는 여러 가지 자연적인 환경 모두 다 우리가 스스로 지어서 도로 되받는 것입니다. 이심전심以心傳心으로 우리가 남을 지독하게 미워하면 또 그 사람도 우릴 미워하듯이 사람끼리만 그런 것이 아니라 방금 말씀드린 바와 같이 자연과 우리와의 관계도 밀접합니다. 그래서 자연을 함부로 하면 그만치 우리가 더 보복을 받는단 말입니다.

여러분들께서는 오늘 이렇게 영혼 천도薦度를 하시러 오셨습니다. 그런데 영혼 세계를 잘 모르고 천도하는 것과 영혼 세계에 관해서 그 윤곽이나마 상식적으로 알고 하는 것과는 아주 차이가 많습니다. 이렇게 천도하면서도 영혼이 지금 눈에 안 보이지 않습니까. 그러니까 '관욕灌浴이라는 것은 하나의 관례적으로 하는 것이지 영혼이 정말 있을 것인가, 또는 죽어지면 영혼이 어디에 머물 것인가?' 이런 것에 대해서도 의문을 품을 것입니다.

그러나 영혼은 없는 것이 절대로 아니기 때문에, 부처님께서도 말씀하셨고 우리도 이와 같이 천도를 하는 것 아닙니까. 영혼이라는 것은 삶의 형태만 우리 인간과 차이가 있는 것이지 생명적인 차원에서는 똑같습니다. 조금도 틀림이 없습니다. 그리고 우리 몸뚱이가 천만 번 바뀌어지든 바뀌어지지 않든 영혼 자체는 절대로 소멸이 없습니다. 따라서 사실 우리 영혼은 그대로 영생하는 것입니다. 본래 죽음이 없습니다.

죽음이 없는 도리를 분명히 알면 그때는 불교에서 말하는 생사해탈生死解脫이라는 법문과 결맞는 말씀이 되겠지요. 따라서 죽음이 없는 것이기 때문에 우리가 금생에 사람이라는 인간의 세간적인 인연이 다하면 그때는 죽는단 말입니다. 기계도 쓰다 보면 녹슬고 하듯이, 사람도 역시 우리 세포라 하는 것도 쓰다 보면 차근차근 노화되어 가서 못 쓰게 됩니다. 못 쓰게 되면 응당 바꿔야 하는 것인데 이 몸뚱이에 의지해 살다 보니까 이제 바꿔야 할 때는 바꾸기가 싫단 말입니다.

사람 고생 가운데 죽음이라는 고생이 제일 심각한 고생 아닙니까? '자기가 죽는다.' 그 금쪽같이 아끼는 자기가 죽는단 말입니다. 자기 몸을 아끼기 위해서 반지 끼고 별별 옷을 다 입고, 어떤 때는 귀에 구멍 뚫어 귀걸이를 걸고 말입니다. 이렇게 해봐야 결국 죽고 맙니다. 자기 몸도 그렇고 자기 아내 몸도 자기 남편 몸도 그렇고 아들이나 딸 모두가 결국 죽고 맙니다.

죽고 말지만, 아까도 말씀드린 바와 같이 허망한 몸뚱이, 바로 전생의 업장 따라 잘나고 못난 그 몸뚱이만 사라지는 것이지 생명 자체는 조금도 훼손이 없습니다. 가령 지금 교통사고를 만나 당장에 머리가 깨지고 사지가 찢겨지더라도 우리 생명 자체는 조금도 훼손이 없습니다. 자기 생명 자체는 지금 몸이 다치고 머리가 깨지고 사지가 찢겨지는 그것을 보고 있습니다.

그런데 우리가 살다가 죽으면 어디로 갈 것인지, 생명의 본고향이 어디인지를 안 생명들은 그냥 헤매임 없이 갑니다만 보통은 갈 곳을 모릅니다. '죽으면 어디로 갈 것인가? 저승에서 평생 또 오랫동안 헤맬 것인가?' 그렇기 때문에 우리 영혼은 죽은 다음에는 굉장히 헤매는 것입니다. 저승에는 스승이 있는 것이 아닙니다. 인간 세상이야 스승도 있고 책도 있고 그러니까 배우기도 하고 묻기도 하고 그러지만 저승은 그믐 같은 껌껌한 세계입니다. 그래서 길을 모르면 굉장히 괴로운 것입니다.

우리네 동생이나 아들이나 또 누구네 남편이나 그런 분들이 갑자기 죽었다고 합시다. 그러면 영혼이 갈 곳으로 쉽게 갈 수가 없단 말입니다. 그렇게 괴로우니까 괴로운 걸 면해 줘야 할 것인데, 괴로움을 면해 주지 못하면 첫째는 그 영혼이 한없이 심각한 고통을 받는 것이고 동시에 괴로운 영혼들, 방황하는 영혼들이 산 사람 근처에서 보통은 자기 가족들 근처에서 오락가락 헤매다 보면 더러는 스치기도 하고 만지기도 한단 말입니다. 산 사람끼리 악수도 하고 포옹도 하면 좋겠지만 죽은 영혼이 우리 몸에 닿아 악수도 하고 포옹할 때는 산 사람은 굉장히 시달림을 받습니다. 분명히 아파서 병원에 가서 진찰해 봐도 무슨 병명이 안 나옵니다. 그런데 아프기는 분명히 아프고 그런 때는 틀림없이 영혼이 스쳐가고, 영혼이 만지고 그래서 아픈 것입니다.

따라서 우리 부모님이 돌아가시고 우리 형제간이 죽고 이런 경우에는 의무적으로 부처님 법으로 꼭 길을 알려 줘야 하는 것입니다. 그러면 '우리 집안 영혼들은 천도薦度를 많이 해 주어서 사람으로 태어나기도 하고 천상도 갔겠는데, 그랬으면 그만인 것이지 자주 되풀이할 필요가 무엇이겠는가?' 이렇게 생각하는 분도 계십니다.

그러나 그건 그렇지 않습니다. 왜 그런가 하면 가령 우리네 할아버지가 돌아가셔서 지금 천도도 하고 또 오랜 세월이 지나서 인도 환생이라, 다른 사람 세상에 태어났다고 합시다. 이런 경우는 우리가 소박한 생각에서는 '태어나시면 그만인 것이지 우리 후손들이 불공佛供을 모셔드리는 것이 무슨 보람이 있는가?' 이렇게 생각이 됩니다만 그렇지가 않습니다.

우리가 어느 세상에 사람으로 태어나 수명이 짧기도 하고 길기도 하고, 재수도 더 많고 적고 병치레도 많고 적고 그러겠지요. 그러는 경우도 우리 후손들이 불공도 해 주고 남한테 베풀기도 하고 또는 방생도 하고 어떻든 간에 좋은 일을 할 때는 생명이라는 것은 신비하기 때문에 우리 자손이 좋은 일을 하면 틀림없이 인간 세상에 자기 조상이나 형제가 있든 또는 저 천상에 가 있든 어느 세상에 있든지 간에 틀림없이 거기 가 있는 그분들이 우리가 공을 들인 만치 행복을 받습니다. 가피加被를 받는 것입니다.

여러분의 자녀들이 지금 미국이나 영국에 있다 합시다. 그럴 적에 한국에서 그 자식을 위해 기도를 모시면 가피가 있으니까, 덕德이 있으니까 기도를 모시고 하는 것이지 미국이나 어디나 그렇게 멀리 있는 자식들이나 친척들이 아무 도움도 못 받는데 여기 한국에서 기도를 모시고 공을 빌고 하겠습니까?

염력念力이라는 것은 물질이 아니기 때문에 시공時空을 초월합니다. 광파光波도 초속이 30만 킬로미터라, 뻔쩍하는 광명 하나에도 그 속도가 일초에 30만 킬로미터입니다.

모든 것을 다 만드는 것이 마음입니다. 어떠한 존재나 마음으로 이루어져 있습니다. 내 마음, 네 마음도 둘이 아니라 원래 마음이라는 것은 우주에 가득 찬 하나의 생명입니다. 이 자리가 바로 진여불성眞如佛性 자리입니다. 부처님 성품이라, 법성法性·불성佛性 다 같은 뜻입니다. 모든 생명의 근본 자리인 진여불성은 우주의 어느 곳에나 언제나 가득 차 있습니다.

이것은 이미 말씀드린 바와 같이 물질이 아니기 때문에 더함도 덜함도 없고 또한 낳고 죽음도 없습니다. 영생불멸하고 상주부동한 그런 생명체가 우주에는 항상 있는데 그 자리에서 인연 따라 지구가 이루어지고 달이 이루어지고 또는 사람이 태어나고 하는 것입니다.

부처님 공부는 무엇 때문에 하는 것인가? 우리 중생들은 지금 겉만 보고 삽니다. 중생은 허망 무상한 겉만 보고 삽니다. 아까 말씀드린 바와 같이 천지우주의 진여불성이라는 부처님 기운에서 이루어진 것이 우주의 모든 만물입니다. 내 몸이나 네 몸이나 산이나 냇이나 하늘에 있는 별들이나 모두가 다 천지에 가득차 있는 진여불성이라는 순수생명 위에서 인연법因緣法 따라 이루어지고 인연이 다하면 소멸되고 한단 말입니다. 따라서 우리 인간이 하는 일 가운데 가장 소중한 일은 생명의 본체인, 생명의 근본 자리인 진여불성 자리를 깨닫는 것입니다. 기독교나 도교 또는 유교나 다 그런 것입니다.

모두가 다 허망 무상한, 잠시 있다가 스러지는 그러한 모양인 상相을 떠나 그 모든 상의 근본 자리인 부처님 자리, 불성 자리, 참된 진리 자리, 그 자리를 깨닫는 것이 모든 철인哲人이나 성자의 가르침입니다. 그러한 가르침 가운데 부처님 가르침이 가장 철저하고 투철하고 완벽하고 가장 보편적이고 궁극적인 가르침입니다.

우리 불자님들은 분명히 아셔야 합니다. 모든 철인, 성인聖人들의 가르침은 하나의 방향으로 허망 무상한 상相을 떠나 본성품으로 가는 것인데 다른 성인들은 확실히 잘 모르니까 어렴풋이 말도 하고, 또는 공부를 조금 더한 분들은 더 확실히 말할 것입니다. 그러나 부처님께서 말씀하신 것은 조금도 흠절 없이 원만무결하게 내 생명의 근본인 동시에 우주 생명의 근본 자리를 밝히고 계시는 것입니다.

그렇기 때문에 그 자리에 가까워지면 가까워진 만치 더 훌륭하고 위대하고, 그 자리에서 멀어지면 멀어진 만치 더 어리석고 어둡고 불행하단 말입니다.

참다운 행복은 그 자리를 밝히는 것입니다. 그 자리를 밝혀야 자기 생명이 무엇인가도 알고 참다운 행복이 있습니다. 자기 생명의 근본도 모르고 고향도 모르고 집도 모르면서 어떻게 자기가 있겠습니까. 참다운 자유나 평등이나 모두 다 생명의 근본을 밝히는 자리에 있는 것입니다.

그럼 그 자리에 이르지 못하는 것은 무엇 때문인가? 우리 중생들이 애지중지하는 자기 몸뚱이, 자기 가족 몸뚱이 때문에 탐욕심을 내고 진심瞋心을 내고 합니다.

가장 훌륭한 지혜가 무엇입니까? 부처님께서 말씀하신 지혜라는 것은 방금 말씀드린 바와 같이 '모든 상을 떠나 천지만유가 본래로 하나다. 본래로 하나의 부처님이다.' 이렇게 아는 것이 참다운 지혜입니다. 이렇게 알아야 '반야바라밀般若波羅蜜'이라, 반야의 지혜란 말입니다. 『반야심경』이나 『금강경』이나 다 그런 지혜입니다.

우리 중생은 겉만 보기 때문에 중생의 업에 가려진 흐릿한 마음으로 보니까 잘 안 보이는 것입니다. 근본은 안 보이고 그냥 현상만 본단 말입니다. 우리 중생이 잘못 보는 이른바 가상假相이 바로 망상입니다. '망상을 얼마만치 많이 떠나는가.' 이것에 따라 우리 인생의 가치가 규정됩니다. 양심적인 사람들은 그런 망상, 탐욕심, 분노의 마음을 더 많이 떠날 것이고 흐리멍텅한 사람들은 자기 몸뚱이에 평생 노예가 되어서 살고 자기 가족 몸뚱이의 평생 노예가 되어 살아갑니다.

우리 모두 가상을 떠난 그 자리, 실상의 자리를 밝히서서 영원한 행복을 누리시길 기원드립니다.

　나무 아미타불!
　나무 관세음보살!

우리의 생명 자체는
우주에 영원히 존재합니다

삼풍백화점 천도 법어

2001년 4월 5일

오늘 천도를 받으시는 영가들이시여! 영가들은 하나님의 믿음과 부처님의 믿음 아래서 이 자리에 나와 계십니다. 모양이 있고 이름이 있는 상대 유한적인 세계에서는 모양도 믿음도 차이가 있습니다만 모양과 믿음을 떠난 영원적인 세계에서는 모양도 믿음도 차별이 없습니다. 하나님이 바로 부처님이고 부처님이 바로 하나님입니다.

제법실상諸法實相이라, 모든 진리는 영원적인 의미, 궁극적인 의미에서는 하나님·부처님입니다. 영가들 가운데는 기독교를 신뢰하는 분도 계시고 부처님을 신뢰하는 분도 계십니다. 또는 종교를 믿지 않는 무종교인도 계십니다. 그러나 모두가 다 한결같이 우주생명을 근거로 하는 이른바 우주 종교·우주 종교 이런 차원에서는 모든 종교가 다 하나의 진리로 귀의됩니다.

영가들이시여! 깊이 생각하시기 바랍니다. 우리 중생 차원에서 볼 때는 분명히 죽음도 있고 이별도 있고 그러한 차이가 있을런지 모르겠지만 참다운 진리 세계에서는 죽음은 절대로 없습니다. 허망虛妄 무상無常한 우리 몸뚱이 형상만 있고 인연 따라 바꾸어지는 것입니다. 생명 자체는 과거 이래에 한 번도 죽어본 적도 없고 또는 미래에 영구히 다시 죽지 않습니다. 영생불멸이라는 것은 우리 모든 생명의 근원입니다.

영가들이시여! 영가들은 지금 저승에 계십니다. 길목에 계십니다. 저승이라는 것은 오랫동안 머무를 장소가 아닙니다. 영생永生의 안락을 약속하는 그런 천당세계·극락세계로 가기 위해 잠시 머물다 가는 어둡고 망망한 세계입니다.

영가들이시여! 비록 현상계에서는 우리 몸뚱이라는 그런 차이가 있다 하더라도 그 모양이 아닌 순수생명 자리로 본다고 할 때는 모든 생명들은 서로 관계가 있습니다. 다시 말씀드리면 나와 남의 차별이 절대로 없는 것입니다. 우리 중생들이 참다운 진리를 모르기 때문에 자기 몸뚱이만을 자기로 생각하고 또는 가상가명假相假名에 지나지 않는 모든 분별시비를 참다운 것으로 착각합니다. 그러나 아까 말씀드린 바와 같이 이 형상을 떠나서 보는 형이상학적인 근원적인, 궁극적인 진리의 관점에서 봐서는 일체생명이 다 하나의 생명입니다.

영가들이시여! 깊이 생각하시기 바랍니다. 우리 중생이 무명심無明心 때문에 잘못 살아 지옥도 가고, 조금 잘 살아서 인간도 되고 합니다. 그러나 지옥이나 인간세상이 영원적인 참다운 세계가 아닙니다. 잠시 지나가는 하나의 길목에 불과한 것입니다.

영가들이시여! 깊이 생각하시기 바랍니다. 방편方便을 떠나 진실로 말하면 우리 인간 존재의 그 각자 마음이 모두가 바로 하나님이요, 부처님입니다.

영가들이시여! 분명히 느끼시기 바랍니다. 바로 느끼지 못하면 우리가 잘못 살아서 끝없이 지옥도 가고 인간 존재로 나서 무서운 생노병사, 만나고 아프고 늙고 또 죽는 그러한 한계 상황 속에서 인생고를 면할 길이 없습니다.

영가들이시여! 슬퍼할 것도 없고 또는 불안하게 생각할 아무런 이유가 없습니다. 아까 말씀드린 바와 같이 우리 인간이 무명에 가리어서 분별하는 것이지 생명 자체는 바로 불생불멸不生不滅이라, 원래 낳지도 않고 죽지도 않는 영생불멸한 생명이기 때문에 그 생명 차원에서는 우주가 오직 하나의 생명입니다. 하나의 생명, 바로 그 자리가 하나님이요, 부처님입니다. 여러 가지 각종교에서 방편으로 말씀하시지만 어느 성인들이나 말씀의 근원적인 뜻은 다 똑같습니다.

영가들이시여! 깊이 느끼시기 바랍니다. 그냥 영가들이 잘못 알고서 무명에 사로잡히면 갈등 없이 인간으로 태어나서 생노병사를 맛봐야 되는 거지요. 또는 영생의 윤회 과정이라, 아까 말씀 드린 바와 같이 잘못 살아서 지옥도 가는 것이고 또 돼지나 소같이 살아서 분명히 축생畜生으로 전락이 되는 것이고 조금 낫게 살아서 인간이 됩니다. 그러나 인간 자체도 우리가 영원히 그리워하고 추구할 곳은 못됩니다. 인간 역시 제행무상諸行無常한 우주의 법칙 따라 잠시 살다 가는 하나의 길목에 불과한 것입니다.

영가들이시여! 영가들이 장차 돌아가실 고향은 천당이요, 극락세계입니다. 천당이나 극락세계는 각 종교의 차별도 없습니다. 오직 하나의 진리, 우주적인 진리만을 위하기 때문에 정말 진정한 천당세계 또는 극락세계로 가실 수가 있는 것입니다.

지금 영가들은 아직은 중생세계인지라 자기 몸뚱이에 대한 애착을 품을 것입니다. 그러나 그 몸뚱이는 지금 어디에도 없습니다. 사실은 살아 있는 사람의 몸뚱이도 뜬구름같이 다 허망한 것입니다. 하물며 그 몸뚱이를 인연 따라서 잠시 버리고서 지금 저승에 계신 영가의 몸뚱이는 어디에도 없는 것이고, 영가가 먹었던 음식이라든가 또는 영가가 사용했던 재산이라든가 그런 것도 모두가 허망虛妄 무상無常한 것에 지나지 않습니다. 다 본래적으로 영가의 것이 아닙니다. 자기 몸뚱이도 자기 것이 아닌데 인간 세상에서 잠시 만났던 자기의 권속, 자기의 지위 또는 자기의 재산, 이런 것이 참다운 자기의 소유가 될 수 없는 것입니다.

영가들이시여! 마음을 고요히 해서 깊이 명심하시기 바랍니다. 정말로 우리 생명은 언제나 우주에 영원히 존재하는 생명 자체입니다. 하나님과 더불어 부처님과 더불어 영가들의 마음도 똑같은 것입니다. 그렇게 생각할 때는 우리는 어디에 있으나 다 안락하고 행복스럽고 평온을 느끼게 됩니다만 우리 중생들이 꼭 개별적인 자기 몸뚱이에 국한된 인연들, 이런 것을 생각할 때는 언제나 불안스럽고 막막하고 또는 인생의 허무를 느끼지 않을 수 없는 것입니다.

영가들이시여! 중생의 어리석은 마음, 차별하는 마음을 버리셔야 됩니다. 그와 동시에 영가들이 지금 계시는 저승세계는 정말로 불안스럽고 잠시 거쳐가지 않을 수 없는 어둠의 세계인 것이지 우리가 안식할 세계는 절대로 못되는 것입니다.

영가들이시여! 깊이 느끼시고 과거에 자기가 쓰던 몸에 대한 애착도 버리시고 또는 사랑하는 권속도 극락세계나 천당 가서 영원으로 만나는 그런 세계에서 만나야 참답게 만나는 것이므로 인간 세상에서 만나는 인연들에 대해 집착을 뿌리치지 않으면 안 됩니다.

영가들이시여! 하나님, 부처님 또는 모든 종교들의 근원적인 것은 하나의 자리이고 아까 말씀드린 바와 같이 우리 마음은 잘난 사람이나 못난 사람이나 현세에 잘못된 삶을 산 사람들의 마음이라든가, 이런 마음도 역시 미세한 차이가 있는 것이지 근원적인 데서는 다 똑같이 하나님이요, 부처님입니다.

영가들이시여! 분명히 깨달으셔서 영원히 생멸이 없는 그런 세계에 가서 태어나시기 바랍니다.

오늘 영가 천도를 마련해 주신 대한불교 조계종 총무원과 화엄사, 오늘 천도재의 모든 경비를 맡아 주신 임창욱 거사님, 박영규 거사님의 공덕에 대해서도 영가를 대신해서 산승의 입장에서 심심한 감사의 합장을 드립니다. 또 모든 유가족분들에 대해서도 감사를 드립니다.

정말로 유가족되시는 분들은 가슴이 오죽이나 슬프시겠습니까만 아까 말씀드린 바와 같이 인간에서 만나는 것은 잠시 만나는 것입니다. 어차피 언젠가 헤어져도 헤어질 것을 인연이 도래해서 금생今生에 비참하게 이별을 하셨다 하더라도 또 천당이나 극락세계에서 영원히 만나는 그런 인연으로 다시 만나시기 바랍니다.

이렇게 하시기 위해서는 우선 영가들이 방황하는 저승을 떠나 극락세계나 천상에서 편히 계셔야 할 것이고 또는 남아 있는 분들이 정말로 차별이 없는 종교 생활을 하셔야 합니다. 사람마다 자꾸만 차별을 하니까 인간 세상에서 모순이 생기고 서로 분열이 생기는 것입니다. 나와 남이 본래 없고 모든 생명이 하나의 진리라고 생각하고, 우리가 다른 사람을 볼 때도 똑같이 하나님같이 보고 부처님같이 보면 인간 세상의 모순이나 갈등이 있을 수 없습니다.

영가들이시여! 조금도 주저마시고 정말로 환희심을 내십시오. 영가들은 지금 아무 손해가 없습니다. 생명 자체가 과거나 현재나 미래를 통해서 죽지 않고 영생을 하는 것이고 지금 행복만이 약속된 천당·극락세계에 영가들은 분명히 가시는 것입니다. 사람 몸이 있으면 그냥 들어갈 수가 없으나 영가들은 지금 사람 몸이 아닙니다. 사람 몸이 아닌 영가 몸이기 때문에 한 생각 바로 하면 극락세계에 들어갈 수 있습니다.

영가들이시여! 영가들은 지금 사람 몸이 아니어서 총명한 정도가 수승한 것입니다. 한 생각 바꾸셔야 합니다. 한 생각 어떻게 바꿀 것인가? 한 생각은 '자기의 본래면목本來面目이, 자기의 본래 생명이 바로 부처님이고 하나님이다.' 이렇게 생각을 하셔야 됩니다. 이것이 사실은 바르게 생각하는 것이고 다른 생각은 다 방편적인 말씀입니다. 그렇게 하셔서 우리 생명의 본고향인 천당이나 극락세계에 가셔서 영원히 행복을 느끼시기를 간절히 바라마지 않습니다. 오늘 이 법회를 마련한 모든 인연들에 대해 영가를 대신해 다시금 감사의 합장을 드립니다.

나무 하나님!
나무 아미타불!
나무 유명세계 지장보살마하살!
나무 마하반야바라밀!

상相 가운데 살면서
어떻게 상을 떠날 것인가

미타회 천도 법어
1994년 10월 15일

현 시대에 있어서 가장 결핍된 분야가 무엇입니까? 이것은 철학의 빈곤입니다. 철학이라 하는 것은 순수하게 인과율因果律을 따져 들어가 '가장 최초의 원인은 무엇인가? 내 생명의 근본 뿌리는 무엇인가? 우주의 근본 도리는 무엇인가?' 이런 것을 밝혀 아는 것이 철학입니다.

일반 중생들은 근본 뿌리를 모르고 그냥 겉만 봅니다. 겉만 보고 사는 세상은 갈등이나 반목이나 불행이 항상 연속됩니다. 그래서 부처님 경전에도 '상相을 떠나지 못하고 사는 생활은 괴로움이요 또는 가시의 종기'라 표현되어 있습니다. 우리 중생은 지금 상만 보고 삽니다. 현상적인 상에만 구속되어 사는 생활, 이것은 부처님 말씀대로 괴로움입니다.

천지개고天地皆苦라, 천지가 다 괴로움뿐이란 말입니다. 낳고 죽고 병들고 다 괴로움 아닙니까. 따라서 우리 중생이 괴로움에서 해탈하기 위해서는 다른 묘방이 없습니다. 오직 우리 중생이 잘못 본 상을 떠나는 것입니다.

상을 떠나는 것은 어떻게 떠나는 것입니까? 우선 자기 존재를 객관적으로 봐야 합니다. 결국은 자기 존재 때문에 모든 문제가 생깁니다. 우리는 이 공기가 아니면 내가 살 수 없고 물이 아니면 살 수 없고 흙이 아니면 살 수 없습니다. 우리 불자님들은 중중무진으로 이렇게 얽히고 저렇게 얽혀 있고, 우리 생명은 이와 같이 고리로 연결되어 있습니다. 그렇기 때문에 그 고리 가운데서 한 고리만 떼어 버려도 안 됩니다.

그러기에 진리라는 것은 우주 가운데 티끌 하나만 없어도 진리가 못 됩니다. '나쁜 놈 저놈 때문에 우리가 불행하다. 저놈을 그냥 지구상에서 온전히 소멸시켜 버려야 되겠다.' 이래서 우리가 이제 사형 선고를 내려 사형을 시킨단 말입니다. 그런데 그것이 소멸되는 것이 아닙니다. 그 사람이 원한을 품고 죽으면 원한을 품은 대로 어디 가서 태어난단 말입니다. 생명 자체는 영생불멸한 것입니다. 낳지 않고 죽지 않고 영생불멸합니다.

부처님 가르침은 천지우주가 모두 다 개별적이 아닌, 뿔뿔이 흩어져 있는 것이 아닌 하나의 생명으로 봅니다.

앞서 말씀드린 바와 같이 현대에 있어서 가장 부족한 것은 '무슨 지식이 부족하다. 또는 무슨 재산이 부족하다.' 이런 것이 아니라 궁극적인 철학, '내 생명은 대체로 어떠한 것인가?' '우주의 본바탕은 무엇인가?' 하는 철학의 빈곤이란 말입니다. 우리 사회나 가정이나 또 학교나 대학이나 마찬가지입니다.

투철하게 생명의 본질을 알 때는 다른 도덕적인 문제를 걱정할 필요가 없습니다. '나와 남이 본래 둘이 아니고 천지우주가 하나의 생명이다.' 이런 때는 자기 가장 가까운 인연인 자기 부모한테 함부로 하겠습니까. 형제간에 함부로 하겠습니까.

오늘 천도를 받는 영가들이시여! 우리가 생각할 때 앞서도 말씀드린 바와 같이 상相만 생각한 사람들은 '영가 따위가 어디에 있을 것인가? 한번 죽어 버리면 그만 아닌가.' 하고 생각하겠지만 자기 스스로를 생각할 때는 '내가 죽는다 하더라도 내 생명이 어딘가에는 남아 있겠지.' 하고 기대를 갖지 않습니까. 이것은 우리 생명이 본래로 죽는 것이 아니기 때문에 그런 기대를 갖는 것입니다.

우리 마음이라는 것은 부처님 마음, 석가모니 마음과 똑같은 마음입니다. 우리가 생각할 때 보통은 '나는 그렇게 정직하게 살지도 않고 그럭저럭 살았기 때문에 내 마음은 석가모니 마음과 다르지 않은가.' 이렇게 자기를 비하하기 쉽지만 우리 불교에서 볼 때는 과거에 어떻게 살았든지 간에, 지금 현재 어떻게 살고 있든지 간에 우리 마음은 순수하고 정다웁고 또는 무한의 공덕功德

을 갖추고 있는 것이 석가모니 부처님과 똑같습니다. 다만 우리 스스로가 나쁜 버릇 때문에 가리어서 느끼지 못하는 것뿐이지 실상實相의 상태에서는 똑같습니다. 그것이 부처님 가르침의 가장 우수한 특징입니다.

'나는 잘못 살았으니까 내 마음은 그야말로 참 못된 마음이다.' 그러나 마음이 모양이 없지 않습니까. 모양 없는 것은 오염시키려야 오염시킬 수가 없습니다. 다만 스스로 나쁜 버릇 때문에 옹고집을 내가지고 자기 스스로 바로 못 본단 말입니다.

우리가 부처님 공부할 때에 돈오頓悟라, 문득 깨닫는 것 아닙니까. 돈오라, 나쁜 짓도 많이 하고 때문은 그런 마음이라고 하면 문득 깨달을 수 없단 말입니다. 그러나 나쁜 짓이라는 것도 역시 흔적이 없습니다.

우리 불자님들은 모양이라는, 불교말로는 상相이라, 모양이라는 것에 대해 깊이 연구하십시오. 깊이 공부하셔야 됩니다. 모양에 대해 생각을 깊이 못하시면 우리 생활도 역시 깊은 생활이 못됩니다. 부처님 가르침같이 여법한 생활이 못 됩니다. 왜냐하면 모양, 이것이 본래로 있지 않습니다. 모양이 있지 않은 도리를 알기 위해서는 눈을 부릅뜨고 자기 정신을 가다듬고 깊이 생각해야 합니다. 본래 실상實相에서 볼 때는 있지가 않단 말입니다.

이 모양이 어째서 있지 않은 것입니까? 천지우주가 모양 때문에 서로 좋다, 궂다, 싸우고 죽이고 하는 것인데 성자들의 맑은 안목에서 볼 때는 명명백백히 모양은 없습니다. 모양이 본래로 없는 것입니다. 승려들이 우리 중생더러 욕심을 내지 않게 하려고 모양이 있는 것을 없다고 하는 것이 아니라 본래로 모양이 없습니다.

어째서 모양이 없는 것입니까? 아까 인연법을 말씀드렸습니다만 어느 것이나 인연 따라 잠시 가상假相을 낸단 말입니다. 『반야심경』에 있는 법문 아닙니까. 우리 몸은 가화합假和合이란 말입니다. 법法이 가짜로 임시 이렇게 모여 있단 말입니다. 오온가합五蘊假合이라, 오온五蘊은 다 아시지 않습니까. 『반야심경』 해설을 보셨지요. 오온은 물질을 구성한 색色인 지地·수水·화火·풍風이라, 물질을 구성한 지·수·화·풍과 또는 우리가 감수하고 상상하고 응용하고 분별하는 수受·상想·행行·식識입니다. 지·수·화·풍인 물질과 우리가 감수하고 상상하고 응용하고 분별 시비하는 그 마음이 모인 것이 내 마음과 몸입니다. 그것을 떠나서는 내 몸이나 마음이 어디에도 없습니다.

여러분들 다 아시지 않습니까. 현대식으로 말하더라도 산소나 수소나 탄소나 질소 등으로 우리 몸뚱이가 구성되었습니다. 그런 산소나 수소가 고유하게 있지 않습니다. 어느 에너지 기운이 어떻게 진동하는가? 전자나 양성자나 중성자 등이 어떻게 모여 있는가? 그에 따라서 산소가 되고 수소가 되고 각 원소가 됩니다. 그런데 가장 분석하고 분석해서 더 분석할 수 없는 작은 알갱이가 전자, 중성자, 양성자 그런 것 아닙니까. 전자 그것이 본래로 고유한 모양이 없습니다. 우주의 정기가, 우주의 기운이 어떻게 지금 움직이고 있는가? 어떻게 진동하는가? 우주의 정기가 어떻게 운동하는가? 그에 따라서 전자라 이름 붙이고 양자라 이름 붙입니다. 마이너스 기운을 내면 전자고 플러스 기운을 내면 양자입니다.

따라서 일체 모든 물질의 구성은 가장 작은 알맹이가 따지고 보면 결국 우주 정기, 하나의 에너지로 돌아갑니다. 에너지란 것은 물질이 아닙니다. 물질은 공간성이나 시간성이 있기 때문에 물질입니다. 그런데 가장 기본적인 에너지는 물질이 아니란 말입니다. 물질이 아닌 것이 이렇게 모이고 저렇게 모여서 가짜 상相을 냅니다. 가짜 모양을 낸 것입니다. 그림자같이 말입니다.

항상 말씀 드립니다만 '다 비었다', '모양이 본래 없다'는 소식을 우리가 알기 어려워 그때그때 다시 되풀이해 말씀드립니다. 모양이 분명히 있는데 부처님은 '없다' 했단 말입니다. 부처님 말씀 가운데 '모양이 없다'는 것을 알아들어야 비로소 소승을 떠나 대승이 됩니다. 그걸 모르면 『반야심경』, 『금강경』을 모르는 것입니다. 『반야심경』을 모르면 참다운 불자가 못 되는 것입니다.

앞서 말씀드린 바와 같이 우리 중생이 생각할 때는 분명히 내가 있고 네가 있고 천지만물 각 산소, 수소, 철이요, 금이요, 다이아몬드가 있지만 성자들은 근본 바탕에서 보는 것입니다. 본질적으로 근본 뿌리에서 볼 때는 모두가 다 비어 있단 말입니다. 아무리 어려우셔도 이 도리는 꼭 아셔야 됩니다. 그것을 모르면 자기 상을 못 떠나고 참다운 행복은 없습니다. 자기 몸을 구성한 것이나 우리 마음을 구성한 것이나 오온법五蘊法이 다 비었다고 깨달아야 비로소 인생고를 떠난단 말입니다. 우리 정신이나 또는 우리 몸뚱이나 일체 물질이 비었다는 소식을 모르면 그때는 인생고를 못 떠납니다.

불교는 인생고를 떠나는 것입니다. 슬기롭고 편안하게 사는 것이 불교입니다. 무엇이 슬기입니까? 참다운 지혜는 부처님 지혜, 제법諸法이 공空한 도리, 제법이 공한 도리를 모르니까 승가나 속가나 부질없이 분열하고 싸운단 말입니다. 다 비었다는 소식을 알아야 몸도 시원하고 가뿐합니다. 정말로 우리 번뇌의 뿌리가 다 뽑혀서 정말로 확실하게 비었다고 확신이 생기면 우리 몸이 하늘로 뜨는 것입니다.

본래 빈 것이 모여서 금이 되고 몸뚱이 되고 했거니 본래 무게가 있는 것이 아니란 말입니다. 에너지가 무슨 무게가 있습니까. 무게가 없는 것이 이렇게 모이고 저렇게 모여서 운동함으로 해서 가상假相이 생긴 것이기 때문에 그런 가상을 '참말로 있다'고 생각한 데서 마음도 무거워지고 몸도 무거워집니다. 남을 지독하니 미워할 때 우리 몸도 훨씬 무겁습니다. 무게로 재서 무거운 것이 아니라 우리 기운이 무겁습니다.

정말로 예수의 기적이라든가, 석가모니 삼명육통三明六通이 거짓말이 절대로 아닙니다. '부처님께서 우리 중생들에게 보다 더 깊은 신앙을 주기 위해 그런 기적을 말하고 부처님 신통을 말했다.' 이렇게 보통 봅니다. 우리 스님네도 그렇게 보는 사람도 있습니다. 그런 신통神通은 외도外道나 하는 것이라고 말입니다. 『아함경』은 부처님 육성 같은 초기경전인데, 『아함경』 수십 군데에 '삼명육통'이라는 표현이 나옵니다. 그렇다고 하면 부처님께서 거짓말을 했겠습니까.

우리는 우리 인간성, 내 마음 자리, 내 마음의 본바탕인 불성佛性자리를 분명히 믿어야 됩니다. 믿는 때는 내 마음 가운데 모든 행복과 모든 공덕功德이 다 들어 있단 말입니다. 밖에서 안 구해도 다 들어 있습니다.

성인들은 그 자리를 깨달아서 그 자리에 자기 마음이 머물러 있으니까 다른 헛된 짓을 않습니다. 예수가 큰 교회당을 짓고 설법했습니까. 갈릴리 해안에서 그 구차한 사람들과 모였고, 베드로나 요한이나 모두 다 어부입니다. 이리저리 다니면서 어부들에게 설법했단 말입니다.

석가모니도 집을 나간 뒤에 팔십 노인이 집에 들어가 돌아갔겠습니까. 나무 밑에서 도道를 통하고 동시에 나무 밑에서 가셨단 말입니다. 가장 존귀한 우리 교조가 나무 밑에서 도를 깨닫고 한데서 자고, 돌아가실 때도 한데서 낙엽을 깔고 다 떨어진 누더기

걸치고 돌아가셨습니다. 그것만 생각하더라도 절 가지고 싸우겠습니까, 뭘 가지고 싸우겠습니까.

　우리 불자님들, 지금은 본질적으로 문제를 생각할 때입니다. 우리가 상식적으로 살면 절대로 참다운 행복을 얻을 수 없습니다. 우리 중생의 병은 가벼운 병이 아닙니다. 우리 중생 병은 무명無明 병이라, 무지無知 병입니다. 밝지 못한 병입니다. 어떻게 밝지 않는가? 사실을 사실대로 보지 못합니다. 부처님이 그와 같이 난행고행해서 사실을 사실대로 보고 우주의 실상實相을 그대로 다 깨닫고 우리한테 말씀해 주셨건만 우리 중생들은 믿지 않습니다. 꼭 쥐꼬리만 한 자기 범부 소견 이른바 관견管見이라, 바늘구멍으로 하늘을 보면 다 보이겠습니까.

　우리 중생들은 지금 동굴에 갇혀서 동굴에 갇힌 어두운 안목으로 삽니다. '나요, 너요, 좋다, 궂다' 하는 것은 모두 다 우리 중생이 어두운 동굴에서 어두운 눈으로 보기 때문입니다. 그런 흐리멍덩한 눈으로 행복을 추구하면 행복이 올 수가 없습니다. 성자의 가르침은 절대로 다른 가르침이 아닙니다. 우리 인간을 마음 편하고 번뇌를 다 해탈하고 참다운 행복으로 인도합니다.

　경經을 쭉쭉 외운다고 해서 공부가 되는 것이 아닙니다. 부처님 공부는 다른 데 있지 않습니다. '나'라는 상相, '너'라는 상, 중생상衆生相, 수자상壽者相 그런 상을 떠나면 성자고, 상이 있으면 범부凡夫입니다. 상을 두고 행복을 구하면 연목구어緣木求魚라, 나무에 올라가서 고기를 구한단 말입니다.

아집我執 법집法執을 떠나지 않으면 자기 마음의 평화도 없고 지상의 참다운 평화나 어떠한 안락安樂이 있을 수 없습니다. 그래서 부처님 경전에도 우리가 상을 떠나지 않고서 진리를 구하려고 생각할 때는 증사작반蒸沙作飯이라, 모래를 삶아서 밥을 한단 말입니다. 모래를 삶으면 밥이 되겠습니까. 우리 중생은 그런 모양입니다. 감투를 구하고 황금을 구하고 욕심으로 행복을 구합니다. 모양만 갖추려고 할 때는 모래 삶아서 밥을 하려는 것입니다. 맨날 노력해도 안 됩니다. 유구한 인류 역사가 다 증명하지 않습니까.

우리 불자님들, 정말 깊이 깊이 생각하시기 바랍니다. 부처님 가르침은 철저한 공식입니다. 한치도 오류가 없습니다. 상을 떠나면 이것은 참다운 행복과 성자의 길로, 해탈의 길로 가는 것이고 상을 못 떠나면 범부로서 항상 부딪치고 남과 갈등되고 반목되고 합니다. 우리 범부가 어떻게 상을 떠날 것인가? 우리 범부는 상 가운데 사는데 어떻게 상을 떠날 것인가? 그렇게 절대로 낙담 마십시오.

우리는 본래로 불성을 다 갖추고 있습니다. 석가모니께서 보리수하에서 도를 이루셨습니다. 석가모니 당신만 깨달은 것이 아니라 산천초목이나 중생이 모두 다 부처입니다. 요새 지존파 같은 나쁜 사람들, 그런 사람들을 지금 석가모니가 보면 어떻게 볼 것인가? 그 나쁜 사람도 역시 겉만 그런 것이지 성자가 볼 때는 바로 부처입니다.

우리 중생들은 그 뿌리를 못 봅니다. 그 뿌리를 보지 못하니까 상만 내세웁니다. 따라서 그 뿌리를 보지 못하는 사람들이 참 나쁜 사람이다 해서 사형선고를 할 수 없단 말입니다. 사실은 불성佛性을 말하지 않는다 해도 우리 인간이 인간을 심판할 수가 없는 것입니다. 왜 그런가 하면 적어도 상相을 못 떠나는 우리 중생들은 다 공범입니다. 허물이 더 많고 적고 차이뿐인 것이지 성자가 아닌 한에는 모두가 다 같은 공범입니다. 남을 미워하고 욕심도 내고 더러는 음욕婬欲도 내고 말입니다.

우리 병은 아까 말씀드린 바와 같이 우리 골수에 사무쳐 있는 무명無明 병입니다. '남한테 조금 베푼다. 조금 참는다.' 그런 걸로 해서 고칠 수가 없습니다. 도덕이 부재不在라, 도덕성은 지금 땅에 떨어져 있습니다. 왜 땅에 떨어져 있는 것인가? 인간성을 바로 알 때는 우리가 도덕적으로 지키지 말라고 해도 자동적으로 다 지키게 되는 것입니다.

나와 남이 둘이 아니거니 어느 누구한테도 함부로 할 수 없는 것이고, 나와 남이 둘이 아니거니 자연도 함부로 훼손할 수 없는 것입니다. 신라 때 무상無相 대사는 중국 사천성에 들어가서, 그 당시에는 당나라인데 아주 험준한 곳에 들어가서 어떻게 음식을 얻을 수 없단 말입니다. 산중에서 황토를 먹고 살았습니다. 황토에도 영양이 있습니다. 흙도 영양이 있습니다. 공기도 영양이 있습니다. 하물며 물 같은 액체가 영양이 없겠습니까.

인간이라는 것이 꼭 무슨 단백질 얼마를 먹고 칼로리 얼마를 섭취하고 그래야만 건강한 것은 절대로 아닙니다. 우리는 지금 그러한 인간의 물질관을 고쳐야 됩니다. 우리 한국은 지금 선진국으로 가고자 해서 발돋움을 합니다. 그러나 너무나 먹거리 때문에 힘을 굉장히 낭비합니다. 지금 미국 같은 곳도 관광지에 가 보면 음식점이 통 눈에 안 보입니다. 관광지에서 나와 다른 곳에는 있겠지만 관광지에서는 음식점이 안 보입니다. 그러니까 조용하게 관광만 즐기고 감상한단 말입니다. 한국 관광지 가면 횟집이고 갈빗집이고 얼마나 많습니까. 정말로 우리는 우리 몸뚱이의 노예가 되어서는 안 됩니다.

물질로 해야 된다고 생각할 때는 행복은 절대로 얻을 수가 없고 아무리 애쓴다 하더라도 부처님 가르침에 제대로 들어갈 수 없습니다. 설사 우리가 참선을 해서 우리 마음을 맑히고자 해도 몸뚱이가 맑혀져야지 몸뚱이는 마약도 하고 또 술도 먹고 담배도 피우고 함부로 할 때는 몸뚱이가 정화가 안 됩니다. 마땅히 부처님 가르침을 따르기 위해서는 매서운 결단이 필요합니다.

지금까지 범부심으로 함부로 모양에 취해서, 모양에 노예가 되어서 살던 것을 돌이켜서 회광반조回光反照라, 다시 속된 흐름을 역류해서 영생해탈의 청정한 흐름에 들어가야 하는 것입니다.

그렇기 때문에 그동안에는 약간 무리가 되겠지요. 고기 먹던 사람이 안 먹으면 그것도 약간 무리가 될 것입니다. 그러나 그 순간뿐입니다. 단식을 안 해 본 사람들은 단식을 일주일이나 이주일 한 뒤에 소생되는 그 무서운 힘을 잘 못 느끼실 것입니다. '생명은 얼마나 먹어야 된다. 칼로리를 얼마나 먹어야 된다.' 그런 공식만 생각한 사람들은 단식을 일주일이나 이주일이나 한 뒤에 자기도 모르는 가운데 솟아오르는 힘을 느낄 수가 없단 말입니다. 이해를 못 합니다.

이 '나'라는 것의 생명이 바로 우리 마음입니다. 우리 몸뚱이는 마음의 생명 위에 상응되어 이루는 하나의 거품에 불과합니다. 거품 때문에 우리가 너무나 힘을 낭비한단 말입니다. 미국 사람들도 보면 5분의 3이 비만 때문에 고생합니다. 몸이 비만하면 가지가지 병의 원인이 됩니다. 너무 많이 먹어서 비만이 됩니다.

상相을 못 떠나면 불자가 아닙니다. 상은 본래 없는 것이기 때문에 인연 따라 잠시 허망한 모양을 내고 있단 말입니다. 그림자같이 메아리같이, 메아리가 모양이 있습니까? 그와 똑같이 우리 몸뚱이도 본질적으로 볼 때는 모양이 없는 것인데, 우리 중생이 그림자를 보듯이 잘못 본단 말입니다. 이것은 우리가 실상實相을 바로 보지 못하는 것입니다. 가상假相만 봅니다. 부처님 말씀이니까 우리가 그걸 믿고서 자기 스스로 그런 가상을 떠나야 한단 말입니다. 가상을 떠나기 위해서 불경이 있는 것이고, 주문이 있는 것이고, 기도를 모시는 것입니다.

지장보살이 안 보여도 우리가 지장보살을 열심히 부르지 않습니까. 지장보살은 우리 지구를 축으로 해서 충만해 있는 에너지 기운입니다. 그런 기운 따라 우리가 태어났습니다. 그러면 지장보살만 부르고 관세음보살은 부르지 말 것입니까? 그런 부처님 명호名號 때문에도 지금 사람들은 굉장히 갈등을 많이 합니다. 관세음보살을 몇십 년 동안 한 사람한테도 '지장보살이 좋다'는 말을 듣고서 "관세음보살 그만두고 지장보살 하십시오." 합니다. 그럴 때는 그분이 여태까지 생리나 심리에 '관세음보살'이 딱 배어 있는데 그걸 그만두고서 '지장보살' 하자니 굉장히 무리가 가는 것입니다.

따라서 항상 저는 법문 때마다 말씀을 꼭 드립니다만, 부처님을 믿는다는 것은 형이상학적인 모양이 없는 세계 아닙니까. 형이상학적인 모양이 전혀 없는, 모양이 없는 생명 자체, 생명 자체의 그 자리가 바로 부처님 자리입니다. 근본의 뿌리 자리, 현대 물리학적으로 순수에너지 자리 그 자리가 바로 부처님 자리인데 그 자리는 모양이 있는 것이 아니기 때문에, 모양이 있어야 '이것이 뭣이다.' '저것이 뭣이다.' 그럴 것인데 모양이 없어서 어떻게 이름을 붙일 수가 없단 말입니다.

모양이 없기 때문에 어디에만 있고 어디에는 없는게 아니라 천지우주에 두루해 있습니다. 무량무변無量無邊이라, 끝도 갓도 없이 우주에 두루해 있는 것이 모양이 없는 우리 마음 자리입니다. 우리 마음이 모양이 없지 않습니까. 따라서 모양이 없는 마음 자리가 바로 부처님인지라, 그 부처님의 이름을 어떻게 붙일 것입니까? 그 부처님 자리는 이름을 붙일 수 없는 것입니다. 그러나 다행히도 그 부처님 자리는 무한의 공덕功德 자리, 일체 만덕을 갖춘 자리이기 때문에 그 덕상을 전부 다 헤아려도 알 수 없는 것입니다.

사람이 호號가 있고 또는 이름[名]이 있고 자字가 있고 하더라도 내내야 그 사람 아닙니까. 그와 똑같이 부처님 명호도 그 무량무변의 공덕 따라 모양이 없는 자리에 그때그때 이름이 붙기 때문에 어떻게 말하나 하나의 부처님을 부른다고 생각을 하셔야 됩니다. 그래서 자기가 좋아하는 대로 지장보살을 구태여 안 부르고 관세음보살을 왼다 하더라도 천도薦度가 되고 공덕이 됩니다. 나무아미타불도 마찬가지입니다.

그러나 그런 가운데서 이른바 총대명사가 아미타불입니다. 그러므로 오직 진리만을 구할 때는 다른 보살 이름도 좋습니다만 '나무아미타불'을 보통 많이 합니다. 또 '극락세계에 왕생한다.' 할 때는 천지우주의 교주, 부처님의 총대명사가 아미타불이기 때문에 아미타불을 보통 많이 부르는 것입니다. 참선할 때도 역시 참선을 염불로 할 때는 나무를 떼 버리고서 아미타불 넉 자를 화두로 '아미타불, 아미타불…' 이와 같이 부처님을 부르기도 합니다. 이와 같은 방법을 염불선念佛禪이라고 합니다.

아무튼 아까도 말씀드린 바와 같이 우리 중생이 안 보이는 세계를 다스리고, 안 보이는 마음 문제를 다스리는 가르침이 바로 불교이기 때문에 우리 눈에 안 보이는 세계를 긍정하지 않으면 불교가 될 수 없습니다. 그래서 우리가 신심信心이라, 부처님 말씀을 그대로 믿어야지 우리 눈에 안 보이니까 우리가 '의심한다.' '안 믿는다.' 그래 버리면 그때는 바른 신앙이 될 수 없습니다.

돌아가신 영가나 살아계신 분이나 다 동일 생명의, 하나의 생명의 끈에 다 매어 있습니다. 돌아가신 할아버지나 우리 부모님이나 모두 다 우리 생명과 같은 끈으로 같은 생명의 줄로 이어져 있습니다. 형편이 좋지 않아 천도를 못한다 하더라도 우리 생활이 부처님 앞에 정당하고 신심 있고 남한테 베풀고 남하고 화해하고 그런 때는 그만치 화해한 기운, 정당한 기운이 우리 조상들한테 가는 것입니다.

영가들이시여! 영가들은 오늘 부처님의 상이 없는 법문, 무상법문無相法門을 듣고 극락세계에 왕생하시는 그러한 도상道上에 있습니다. 우리 인간이나 유명幽冥에 있는 영가들이나 모두 다 지금 길을 가고 있습니다. 중생계에서 영생해탈의 길로 가고 있는 것입니다. 얼마만치 내가 가고 있는 것인가? 그것은 앞서 말씀드린 바와 같이 우리가 모양에 집착을 해서 자기 재산 또는 자기 몸뚱이 또는 밉다, 사랑한다 하는 그런 것, 자기 관념 이런 것에 집착되면 집착된 만치 우리는 길을 잘 가지 못하고 한눈을 팔고 있는 것입니다.

한눈을 팔고 있는가, 아닌가. 이것은 상相을 두는 것과 안 두는 것의 차이입니다. 상은 본래로 있지 않은 것입니다. 우리 중생이 잘못 봐서 상을 두는 것입니다. 같은 상도 천상사람들이 볼 때는 우리 인간같이 보지 않습니다. 우리 인간이 정당하다는 것도 천상에서 볼 때는 부당하게 볼 수 있단 말입니다. 국민학생이 옳다고 보는 것을 대학생이 꼭 옳다고 볼 수는 없는 문제 아닙니까. 인간의 성품 차원에서 달라지는 것입니다. 그렇기 때문에 우리 인간이 보는 것이 꼭 옳지가 않단 말입니다. 성자가 보는 것만이 사실을 사실로 보는 것입니다. 사실을 사실대로 보는 성자의 안목에서 '나'라는 상相, '너'라는 상 또는 '중생'이라는 상 또는 '우리 생명이 짧다, 길다.'는 상, 이런 것이 모두 다 허망한 상입니다.

우리 생명은 본래 영생불멸합니다. 우리 생명은 본래 죽지 않는 것입니다. 죽지 않는 것인데 다만 인연 따라 업장業障으로 잠시 있다가 사라지는 것이지 생명은 절대로 죽음이 없습니다. 죽음이 없는 것이기 때문에 위대한 근본을 보는 사람들은 죽음을 두려워할 까닭도 없습니다.

우리 중생들은 '모양이 좀 아프면 큰 탈이구나.' '모양이 없어지면 내 생명 전체가 손해구나.' 이렇게 낙담, 절망할런지 모르겠지만 모양에 애착하지 않는 사람들은 그럴 필요가 없습니다. 왜 그런가 하면 내가 지금을 바로 살았다고 하면 내 목숨이 떠나자마자 즉시에 뒤에 보다 더 나은 좋은 몸이 있는 것입니다. 우리 부처님 믿는 분들은 대체로 가시자마자 훨씬 더 좋은 몸을 받습니다. 따라서 어느 때 가더라도 우리가 섭섭할 것은 아무 것도 없습니다.

영가들이시여! 자세히 듣고 깊이 생각하십시오. 극락세계는 모든 상을 떠난 세계입니다. 우리 인간이 번뇌를 떠나버린 세계입니다. '나'라는 것을 떠나보낸 세계입니다. '나'라는 관념, '너'라는 관념 또는 '좋다. 궂다. 밉다. 사랑한다.' 하는 관념을 떠나버린 세계입니다. 따라서 극락세계는 앞서 말씀드린 바와 같이 극락세계의 땅이나 극락세계의 물이나 극락세계의 나무나 항상 영생불멸한 미묘한 부처님 법문을 연주하고 있는 것입니다.

극락세계까지 미처 못 간다 하더라도 우선 천상만 간다 하더라도 우리 중생은 들을 수 없는 음악이 항상 울려 퍼지고 있습니다. 우리 중생들은 그것을 듣지 못합니다. 왜 듣지를 못 하는 것입니까? 상 때문에 가리어서 못 듣습니다. 그러기에 우리 중생이 '나'라는 관념, '있다'는 관념, '사랑한다'는 관념을 떠나버리면 들을 수가 있단 말입니다.

오늘 천도법회에 나오신 우리 불자님들! 지금 법회에 계신 법주, 바라지하신 스님은 굉장히 공부를 잘하신 스님입니다. 참다운 스님입니다. 영가란 것은 모양이 안 보이는 생명인데, 모양이 안 보이는 생명이기 때문에 같은 염불 소리도 굉장히 청아하고 정말로 사무친다고 생각할 때는 훨씬 더 감명을 받는 것입니다.

오늘 영가들은 참 행복하신 영가들이라고 생각됩니다. 우리는 인생이라는 길을 가고 있는데, 상에 구속된 사람들은 지옥도 가는 것입니다. 지옥이나 아수라阿修羅나 축생畜生이나 인간이나 모두 다 얼마만치 상에 매이는가, 상의 경중 따라서 상이 무거운가 가벼운가 따라서 삼악도三惡道로 갈 것인가 좋은 데로 갈 것인가 구분이 생깁니다. 나와 남의 구분 없이 정말로 무아행無我行이라, 이런 때는 즉시 극락세계로 왕생합니다.

우리 불자님들이시여! 조상님 천도가 절대로 헛되지 않습니다. 앞서 말씀드린 바와 같이 우리 생명과 같은 생명의 줄로 이어져 있어서 우리 조상이 갈 곳으로 못 가고 중음계中陰界라, 어두운 세계에서 헤맬 때는 우리 인간 세상도 항상 막히고 곤란스럽고 어디가 아프기도 합니다. 정말로 병원에 가서 무슨 병인지 진단도 안 나오는데 그런 아픈 병들은 대체로 영가 때문에 그럽니다. 따라서 영가 천도가 절대로 필요없는 것이 아닙니다. 여러분들! 영가 천도를 참 잘하신 것입니다.

그러나 염불도 하고 법문도 하지만 여러분들께서 바르게 생활을 하셔야지 여러분들이 도덕적으로 문제가 있다거나 여러분들이 정당하게 바른 생활을 하지 않는 때는 조상들이나 영가들이 자꾸만 뒤돌아보고 염려를 하는 것입니다. 또는 같은 핏줄이기 때문에 우리 살아 있는 분들이 정당하게 바른 생활을 하면 돌아가신 영가들의 생명을 나중에 증장시키고, 우리가 정당하지 못하면 오염된 기운이 영가한테 미칩니다. 꼭 그러합니다.

따라서 부모한테 효성하는 것이 영가 천도만 해서 끝나는 것도 아니고 부모님 묘를 잘 정리해서 장엄스럽게 꾸미는 것이 부모에게 효도하는 것도 아닙니다. 가장 중요한 것은 우리가 바르게 생활하는 것입니다. 성자의 길 따라 산 목숨 죽이지 않고, 거짓말하지 않고, 정당한 수입 아닌 것은 갖지 않아야 합니다. 낭비하는 것도 훔치는 것이나 똑같습니다. 여러분들은 훔친다 그러면 꼭 남의 것을 훔치는 것만을 죄로 알런지 모르겠지만 부처님 법은 그렇지 않습니다. 필요없이 목걸이 하고, 필요없이 팔찌 끼고 이런 것도 모두가 다 훔치는 것이나 똑같습니다. 우리 생명에 아무런 보탬이 안 됩니다.

앞서 말씀드린 바와 같이 우리 생명은 저 아프리카에 있는 생명이나 우리나 같은 생명의 줄에 연결되어 있습니다. 그네들이 불행할 때는 우리가 행복스러울 수 없습니다. 우간다나 방글라데시나 이런 데는 지금도 하루에 몇백 명씩 아사餓死합니다. 그 사람들과 우리가 둘이 아닙니다.

우리 불자님들! 부처님한테 가는 길은 그렇게 쉬운 길이 아닙니다. 진리로 여법히 가는 길입니다. 보다 더 결단을 내려 인생을 바르게 사십시오. 바르게 살려면 될수록 자기 몸뚱이를 위해서는 물질은 덜 붙이고 살면 됩니다. 그렇게 바르게 사신 때는 영가들도 춤추고 극락세계로 빨리빨리 왕생할 것입니다.

오늘 천도薦度 받는 영가들이시여! 부디 모든 허망상을 다 여의십시오. 자기 것은 세상에 아무 것도 없습니다. 자기 마음 외에 자기 것은 아무 것도 없습니다. 자기 몸뚱이도 과거나 현재나 미래나 자기 것이 아닙니다. 다만 부처님의 공덕功德 위에서 영생해탈을 가기 위해 잠시 이런 몸을 가지고 있는 것입니다. 우리 인간은 영생의 길을 가고 있습니다. 바르게 공부하셔서 우리 살아계신 불자님들, 우리 영가들 모든 번뇌 여의시고 금생에 극락세계에 가서 지상의 행복을 이루시기를 간절히 바라마지 않습니다.

나무 석가모니불!
나무 마하반야바라밀!
나무 지장보살마하살!

2부

49재 천도 법어

생멸을 떠나버린
영원한 실존 세계를 향하여

삶은 무엇이고, 죽음이란 무엇인가? 인간은 어디서 와서 어디로 가는 것인가?

추월스님을 뵌 지 불과 얼마 되지 않았습니다. 이제 유명幽明을 달리하시고 다만 식識만이 우리 앞에 남아 계십니다.

이와 같이 무상無常은 신속합니다. 그러나 다만 중생의 안목으로 무상을 보고 허무를 보고 또는 이별의 슬픔을 보는 것입니다.

실상에서 바로 보면 생본무생生本無生이라, 원래 생生이라 하더라도 참다운 생이라 할 수가 없고, 또는 멸본무멸滅本無滅이라, 이생에 우리 생명이 다해 돌아간다 하더라도 역시 돌아가는 흔적도 없는 것입니다. 다만 그와 같이 생生이 없고 멸滅도 없는 생멸生滅을 떠나버린 그 자리, 참다운 불성만 상주하는 참다운 생生만

상주하는 실상세계만 있는 것입니다.

그러나 우리 중생은 어리석어서 그러한 실상 경계를 보지 못하니까 그냥 생멸生滅을 보고 생겼으면 '났다' 하고, 인연 따라 사대四大가 합해지고 또는 사대오온四大五蘊이 결합되어 이것이 하나의 모양을 나투면 생生이라고 합니다. 그리고 인연이 다해서 사대四大가 흩어지고 또는 오온五蘊이 각기 소멸되어 흩어져 버리면 그때는 멸滅이라고 합니다.

그러나 바로 보면 생도 없고 멸도 없고 다만 하나의 진여법성, 실상만 있는 것인데 우리 중생은 바로 못 보기 때문에 생멸生滅을 보는 것입니다.

오늘 태안사를 떠나시는 추월스님이시여!

스님께서는 인생을 바로 사셨고 또한 여법히 살다 가셨습니다. 영가가 가시는 길은 오직 한 곳 실상세계, 생멸을 떠나고 시비 분별을 떠나버린 영원한 실존세계에 가신 것입니다. 그 세계는 영가께서 아시는 바와 같이 극락세계입니다.

지금 추월스님께서는 극락세계에서 영접해 오시는 아미타불, 관세음보살, 대세지보살 등 삼존보살님과 거기에 따르는 무수한 보살들이 내미시는 금색 바라의 연화대에 올라 계신 것입니다.

추월스님이시여!

스님이 바라시는 참다운 고향인 극락세계에 가신다 하더라도 스님의 본래 서원은 극락세계에서 혼자만 영생을 누리는 소승의 마음은 아니십니다. 스님의 대서원은 설사 우리 사회 속에서 괴롭다 하더라도 사바세계 중생과 더불어 모든 중생을 제도하시겠다는 대서원을 가지고 계십니다.

추월스님이시여!

부디 극락세계에서 잠시간만 사바세계의 괴로움을 쉬시다가 다시 사바세계로 돌아오셔서 스님의 본래 서원대로 무량중생을 제도하시기를 간절히 바랍니다.

스님이시여! 안녕히 가십시오.

나무 아미타불!

나무 관세음보살!

나무 마하반야바라밀!

자기 애착을 끊고
참다운 극락세계로 돌아가라

제자를 보내는 49재 천도 법어
1989년 5월 9일

○○ 후인 ○○○ 영가여! 자세히 듣고 깊이 생각하시게. 영가와 헤어진 지 백 일도 못되어서 이렇게 유명幽命을 달리하고 만나게 되니 감개무량하고 또한 비감悲感을 이루 말할 수 없네.

영가여! 태어나면 반드시 죽음이 있고 만나고 헤어짐은 우리 사바세계의 철칙이거니 나이 많은 사람이 나중에 갈 수도 있고, 나이 젊은 사람이 먼저 갈 수도 있으나, 순리로 봐서는 내가 먼저 가고 영가가 내 조문을 해 주어야 할 것인데 거꾸로 됐네.

영가여! 사바세계의 도리는 이렇게 무상하고 허무하기도 하지만 우리가 본래의 자리, 사바세계를 떠나버린 깨달음의 세계에서 볼 적에는 '생본무생生本無生'이라, 원래 낳는다 하더라도 낳음이라는 것이 없고 또는 죽음이라 하더라도 역시 참다운 죽음이란 있을 수 없네. 참다운 죽음이 있을 수 없기에 영가는 오늘 이 자리에 와서 천도 법어를 듣는 것이 아닌가.

영가여! 깊이 생각하고 잘 관찰해서 본래 생生이 없고 또는 본래 죽음이 없는 그 자리를 깨달아 주길 바라네.

영가여! 우리 중생들은 모양만 보고 참다운 생명을 보지 못하기 때문에 모양이 없어지면 죽었다 하고, 모양이 있으면 살았다고 좋아하는 것이네. 그러나 바른 눈으로 볼 적에는 우리가 보는 모양이라고 하는 것은 마치 꿈이요, 허깨비요, 그림자 같아서 이것은 실제 모양이 아닌 것이네. 구름 따라 갔다왔다하는 그러한 존재, 또는 잠시 풀 끝에 맺힌 이슬 같은 존재, 또는 안개 같은 허무한 존재, 안개가 일었다가 그냥 사라지고 말듯이 구름이 생겨났다가 소멸되고 말듯이 풀 끝에 맺힌 이슬이 금방 떨어지고 말듯이 그와 같이 이 마음은 허망한 것이네.

다만 바람 기운, 불 기운, 물 기운, 또는 땅 기운, 그러한 원소의 기운들이 우리 업장業障 따라 잠시 모여 사람 모양을 하는 것인데 사실은 그 모양도 실제가 없는 것이네. 이렇게 모여서 다만 빙빙 돌고 있는 세포 덩어리를 우리 사람들이 잘못 봐서 '사람 몸'이라 하는 것이고, 거기에다가 이름을 붙여서 박씨 집안 태어나면 '박 누구'라고 하는 것이고, 김씨 집안 태어나면 '김 누구'라고 하는 것이네. 그러나 실제에서 볼 때에는 정말 모양 없는 것이네.

영가여! 자세히 듣고 깊이 생각하시게. 영가는 지금 살아서의 그러한 모양이 없는, 사실로 봐서는 헛된 모양인 구름 같은 몸뚱이, 이슬 같은 몸뚱이, 안개 같은 몸뚱이를 버리고 참다운 세계, 영원히 죽지 않고 영원히 이별도 없는 그 세계로 가는 것이네.

영가여! 깊이 생각하시게. 사람이 죽어서 갈 때는 자기 모양이 허망한 것인데 '내 모양이 있다.' '내 몸이 있다.' '내 뼈가 있다.' 이와 같이 집착을 하는 것이네. 아까 법당에서 관욕灌浴 할 때에 영가가 분명히 허망한 몸을 완전히 벗어버린 것을 나는 느꼈네.

영가여! 깊이 생각하시게. 그 몸뚱이 애착 때문에 참다운 세계, 허망한 세계를 못 떠나 참다운 극락세계를 못 가는 것이고 또는 내 몸이라고 생각할 때는 내 아내가 있고, 내 자식이 있고, 내 친구가 있고 그런 것이네. 또는 내 몸이라고 생각할 때는 금생今生에 잠시 왔다가는 그 몸뚱이가 내 것이라고 생각할 때는 그에 따른 재산도 내 것이고 모든 세간살이나 또는 권력이나 이것이 내 것이라고 고집하는 것이네. 이러한 자기 몸에 대한 애착심, 자기 권속에 대한 애착심 또는 자기 재물에 대한 애착심 이런 것에 걸리고 구속되어 바른 길로 못 가는 것이네.

영가여! 깊이 생각하시게. 이러한 것은 인연 따라 잠시 만났다 헤어지는, 꿈결에서 만났다 헤어지는, 꿈에서 싸우기도 하고 꿈에서 사랑도 하고 좋아도 하지만 꿈을 깨면 무엇이 남던가.

영가여! 인생이라 하는 것은 정말 꿈인 것인데, 사람들은 꿈을 꿈으로 못 보니까 자기 몸에 붙들리고 또는 남의 몸에 붙들리고 자기 아내 몸에 붙들리고 자식 몸에 붙들리고 또는 모두가 다 헛것인데 권력도 헛것이요, 이름도 헛것이요, 모두가 헛것인데, 그런 것에 다 붙잡히고 구속되어 자기 갈 길을 못 가는 것이네.

바로 살지 못하는 것도 모두 다 그런 모양에 집착한 데서 원인이 있는 것이네. 모양에 집착 안 하면 성인聖人이고 부처고, 모양에 구속되어 모양에 집착하면 범부凡夫요, 중생인 것이네.

영가여! 깊이 생각하시게. 뒤돌아보고 누구한테 애착을 품고 과거에 쓰던 자기 재산, 과거에 사귀던 자기 아내, 자기 자식, 자기 권속들 이렇게 자꾸만 못 잊어 뒤돌아보는 이것이 영가가 할 일이 아니네. 영가가 뒤돌아보면 그만치 영가의 권속도 더욱더 애착을 가지고 영가를 추모할 것이고, 영가의 권속이 영가를 추모하고 영가가 자기 유가족을 자꾸만 뒤돌아보고 생각할 때 영가는 영가의 갈 길도 못 가고 영가의 권속도 바른 생활을 못 하는 것이네.

영가여! 깊이 생각하고 깊이 관찰하소. 영가가 가는 곳은 오직 극락세계인 것이고 영가뿐만이 아니라 모든 중생들이 가는 종국의 고향은 극락세계인 것이네.

극락세계는 어떠한 곳인가? 극락세계는 광명光明으로 되어 있는, 부처님의 무량광명無量光明으로 되어 있는 세계이네.

극락세계는 땅도 광명으로 빛나고 나무도 광명으로 빛나고 시냇물도 광명의 물이고, 극락세계에 있는 누각들도 역시 모두가 다 장엄 찬란한 그런 세계이네. 또 극락세계는 무수한 성자들이 아미타 부처님의 법문을 듣고 항상 행복에 충만한 곳이네. 환희와 행복이 완벽한 곳이 극락세계인 것이네.

우리 중생은 애초에는 극락세계에서 살았는데 어쩌다가 인과 因果의 수레바퀴에 걸려서 사람이 되고 또는 잘못 살면 지옥 갔다가 또 좀 나아지면 아귀餓鬼가 됐다가 좀 더 나아지면 축생畜生이 됐다가 좀 더 나아지면 아수라阿修羅 세계로 갔다가 더 나아지면 우리같이 인간세계로 오는 것이네. 개미가 쳇바퀴 돌듯, 누에가 자기 몸에서 나온 실로 고치를 만들어서 그것에 갇히듯 우리 중생은 그러하네. 사람이 되면 사람 그것이 전부가 아닌 것인데, 과거의 몸이 현생에 닮은 그런 몸도 아닌 것인데 말일세.

영가여! 과거의 영가의 몸은 금생今生에 나와서 가진 ○○○와 같은 그런 몸이 아니었네. 다른 몸을 가지고 있다가 또는 그 속에서 죽어서 과거 전생에 지은 업장業障 따라 금생에 인간이 되어 ○○○이라는 몸을 받았던 것이네.

그러나 영가여! 영가가 뒤돌아보고 영가가 영가의 권속을 생각하고 영가의 재물을 생각할 때에는 다시 구속을 받아 구속이 심하면 지옥으로 뚝 떨어질 수도 있는 것이고 좀 나아진다 하더라도 다시 인간 몸 받고 생노병사의 고생과 그 무수무량한 인생고를 받는 것이네.

영가여! 사람은 몸뚱이 때문에 죄를 짓고 남도 미워하고 사랑도 하는 것인데, 다행히 원수와 같은 그 몸뚱이 그것을 벗고서 지금 극락세계로 가시는 것이네. 영가와 나는 세속에서도 사제지간이고 또는 자네가 한때나마 승려 생활을 할 때에도 스승과 제자가 됐네.

영가여! 생각해 보게. 얼마나 인연이 깊은가. 극락세계는 모든 중생들이 다 들어가서 영원히 행복스럽고 영원히 이별이 없는 세계네. 그 세계를 놔두고 우리가 어디로 갈 것인가.

영가여! 몸을 벗으실 때에, 아까 자네가 관욕灌浴 할 때에 분명히 나는 느끼고 보고 냄새를 맡았네. 영가가 몸을, 헌옷의 껍데기를 벗는 그 소릴, 영가가 모든 번뇌의 때를 벗는 환희심, 그것을 분명히 나는 느끼고 보았네.

영가여! 영가가 정말로 영가의 몸에 대한 애착을 뿌리치고 영가의 권속에 대한 미련을 갖지 않고 재물에 대한 미련을 갖지 않을 때에 영가는 홀연히 벗어나네. 영가가 그런 모든 번뇌를 벗어나서 미움도 사랑도 집착도 다 벗어나서 눈을 들고 바로 보게. 아미타불이 모든 보살님들을 데리고 계시고 영가가 타고 갈 그 광명 찬란한, 금색 찬란한 연화대蓮花臺가 영가 앞에 있을 것이네.

영가여! 뚜렷이 보게. 자기 몸에 대한 애착, 자기 뼛가루에 대한 애착, 자기 권속에 대한 애착, 자기 자식에 대한 애착, 자기 집에 대한 애착을 다 버리고, 이것이 내 것이 아니고 이것이 다 꿈 같은 것인데 꿈을 벗어야지 않겠는가. 꿈을 벗어나야 하네. 꿈을 벗고서 분명히 눈을 들고 보게.

극락세계로 가는 길은 무수무량의 먼 거리지만 번뇌를 털어버리면 그런 청정한 영가는 순식간에 한 생각에 거기에 입성할 수가 있는 것이네. 이렇게 하는 것이 영가가 가장 아내를 사랑하고 가장 자식을 사랑하고 자기 친구를 사랑하고 모든 것을 위한 최선의 길인 것이네. 영가가 미련 두고 있는 것은 도리어 아내한테도 해롭고 또는 자식한테도 해롭고 누구한테나 해로운 것이네. 영가가 극락세계에 가서 극락세계의 신통자재하는 힘으로 아내를 생각하고 자식을 생각하고 자기 권속을 생각해야 할 것이네.

유가족들이여! 돌아가신 분을 위한 가장 좋은 길은 무엇입니까? 자꾸만 생각하고 그리워하는 것이 영가를 위한 길이 아니라 '모든 것이 허망하다. 제행무상諸行無常이라, 모든 것이 허망하고 꿈이요, 허깨비요, 그림자 같다.' 이렇게 생각하면서 '우리가 인연 따라 잠시 만났지만 돌아가신 분은 응당 극락세계에 하루 빨리 가셔야 한다.' 이렇게 생각하세요.

극락세계의 교주 또는 우주의 교주, 인생과 우주 모든 만중생의 구세주이신 '아미타불, 관세음보살' 이와 같은 부처님한테 귀의하는 것이 돌아가신 분을 위해 가장 최선의 효성이 되는 것이고 정성이 되는 것입니다.

영가여! 영가가 가고자 하는 그런 극락세계, 영가는 마지막 순간에도 극락세계에 가기 위해서 또는 만 중생의 행복을 위해서

『반야심경』을 외우지 않았는가. 『반야심경』의 도리가 모두가 허망하다는 도리인 것이네. 그것을 다시금 느껴 자네 앞에 있는 연화대蓮花臺에 올라타서 극락세계에 가서 영생의 행복을 누리기 바라네.

영가의 유가족도 금생에 부처님 바로 믿고 남한테 베풀고, 없는 사람한테 동정하고, 아픈 사람 간호하고 이렇게 많이 베풀다가 나중에 인연 따라 가게 되면 그냥 즉시에 극락세계에 가서 똑같이 영생의 행복을 누리기를 간절히 바라마지 않습니다.

나무 아미타불, 관세음보살!

무지에서 벗어나
실상을 깨닫는 해탈의 마음

○○ 후인 ○○○ 영가여! ○○○ 영가여! 영가를 뵌 지 꽤 오래 되었습니다. 영가는 비록 백수풍신白首風神이시지만 늠름하시고 당당하신 그런 풍채이셨습니다. 그러한 것은 과거 전생에 바로 사셨고 또는 금생今生에 나오셔서 정직하게 인생을 사신 그러한 상으로 생각이 됩니다.

한번 생生이 있으면 반드시 죽는다 하는 이른바 '시생멸법是生滅法'이라, 생은 반드시 멸滅하는 것이고, 제행무상諸行無常이라, 일체 모든 형상은 무상하지 않은 것이 없습니다. 이러한 인생인지라 각 성인聖人들의 가르침은 인생의 허무함을 극복하기 위한 가르침이 되는 것입니다.

영가여! 자세히 듣고 깊이 생각하십시오. 영가는 지금 저승이라 하는 세계에 계신 것입니다. 사람이 막 태어나서는 '생유生有', 사는 동안에는 '본유本有', 죽는 동안에는 '죽을 사死' 자를 써서 '사유死有', 그리고 저승에 가는 것은 '중유中有', 즉 저승길입니다. 영가는 지금 저승길에 계시다가 부처님의 위신력을 타고서 이 자리에 와 계시는 것입니다.

금생今生에 나와서 바로 살기도 어려운 것이고 그 가운데 참다운 종교를 만나는 것은 더욱 어렵습니다. 종교라 하는 것은 물론 다른 종교도 그렇지만 특히 불법佛法은 인생과 우주의 참도리를 밝히는 가르침입니다. '인생의 의미는 대체로 무엇이고 대체로 어떻게 살아야 하는 것인가?' '인생은 대체 어디서 와서 어디로 가는 것인가?' 하는 것을 밝히는 것이 부처님 가르침입니다.

다행히 과거 전생의 선근공덕善根功德으로 금생에 나오셔서 불법을 만나셨습니다. 불법을 만났어도 복이 적은 사람, 게으른 사람들은 바로 못 믿습니다. 바로 못 믿으면 자기만 그르칠 뿐만 아니라 부처님이라는 소중한 법도 그르치고 마는 것입니다. 승가에서나 속가에서나 부처님 법을 빙자하고서 바로 못 사는 사람들은 자기도 죄를 짓고 부처님 법도 망치는 것입니다.

영가가 비록 세속에 계신다 하더라도 그렇게 의젓하고 당당하신 것은 바로 사셨고 부처님 법도 바로 믿으셨다는 그런 증거였습니다. 영가가 그렇게 바로 살고 부처님 법을 바르게 실천하셨기 때문에 임종 때도 여여하게 도인 행색같이 그렇게 조용한 가운데 흔연스럽게 가신 것입니다.

영가여! 몸은 산소나 수소나 탄소나 그런 각 물질이 합한 것입니다. 따라서 합한 것은 인연이 다하면 헤어지고 맙니다. 바로 전생의 인연, 부모님의 인연 따라 사람 몸 받아서, 인연이 다하면 다시 그런 것은 흩어지고 맙니다. 본래 자기 것이 아니기 때문에 몸뚱이는 없어지고 마는 것입니다. 사는 동안에 몸뚱이가 얼마나 소중합니까만 사실은 자기 것이 아닙니다. 바로 전생에 이런 몸뚱이가 있을 리가 만무합니다. 죽은 뒤에 이런 몸뚱이가 다시 또 있을 리 만무합니다.

영가여! 영가는 지금 저승길에서 극락으로 가는, 우리 인생이 종단에 돌아가야 할 곳으로 가시고 계시는 것입니다. 영가는 응당 극락에 가실 것을 믿습니다. 영가와 깊은 인연이 있는지 한번밖에 안 만나 뵈었지만 백수풍신白首風神의 그 늠름한 모습이 산승山僧의 눈에는 지금도 선합니다. 그러한 인연 따라 산승의 노파심으로 마지막 천도薦度 법어를 하는 것입니다.

영가여! 자세히 듣고 깊이 생각하십시오. 자기란 것이 허망한데 그 허망한 것에 집착할 적에 우리 인간이 가지가지의 재앙을 만나는 것입니다. '일체유위법一切有爲法 여몽환포영如夢幻泡影'이라, 있는 것은 사람 몸이나 물질이나 지위나 모든 것은 다 꿈이요, 허깨비요, 그림자 같은 것입니다. 중생은 그림자 같은 것을, 그림자에 불과한 것을 그림자가 아니고 실제라고 생각하는 데서 문제가 생기는 것입니다. 자기 몸도 허망한데, 자기 몸도 두고 가는 것인데, 자기 처자식도 데리고 갈 수도 없는 것이고 자기가 쓰던 재산이나 권력이나 모두 다 팽개치고 가는 것입니다. 어느 것 하나도 못 따라갑니다. 몸도 못 따라가는데 다른 것이 따라갈 수가 있겠습니까.

영가여! 우리 중생들은 자기 것이 아닌 것을 자기 것이라 고집하는 데서 문제가 생겨서 탐욕심을 내는 것이고 또 그러한 물질이라든가 또는 지위나 몸뚱이에 해를 끼치면 성내고 진심瞋心을 내는 것입니다. 이런 것은 인생의 무지無知에서 오는 것입니다. 인생의 무지라는 것은 방금도 말씀드린 바와 같이 사실이 아닌 것을 사실로 보는 것입니다. 몸, 이것도 허망한 것인데 허망하지 않다고 보고, 권력도 허망한 뜬구름 같은 것인데 이것도 사실로 소중하다고 본단 말입니다.

우리 인간은 시초에 모두가 다 극락에서 온 것입니다. 우리 본고향은 극락입니다. 어쩌다가 우리 몸뚱이에 가려서 본래 참다운 성품을 못 보는 것입니다. 참다운 성품은 어느 누구나 다 부처님과 똑같은 것입니다. 석가모니, 예수, 공자 또는 노자 그런 분들의 마음이나 우리 중생의 마음이나 똑같이 우주의 본바탕, 본진리를 마음으로 한 것입니다. 우주의 본바탕 진리가 바로 부처님입니다. 본바탕이 부처님이고 하느님인데 이것이 우리 본마음인데 쓰다 버리는 몸뚱이 때문에, 몸뚱이 잘 먹이고 몸뚱이 치장하고 또는 자기 몸뚱이에 인연된 아들이요 딸이요 또는 친구요 하는 그런 인연 때문에 얽혀서 바로 못 사는 것입니다. 바로 못 보는 것입니다.

영가여! 영가는 깊이 느끼시는 분이셨습니다. 영가는 다 아시고 계셨습니다. 그러나 영가가 쓰던 모든 세간살이라든가 영가의 권속 등을 가시는 길에 뒤돌아보시고 애착을 품을까 봐서 산승山僧이 이와 같이 말씀을 드리는 것입니다.

영가여! 중생이 바로 못 보는 것이 모두 다 번뇌가 되어서 번뇌가 무거우면 무거울수록 저 밑에 지옥으로, 또는 좀 더 나아가면 아귀餓鬼로, 또는 더 나아지면 축생畜生으로, 더 나아지면 아수라阿修羅로, 더 나아지면 인간으로, 우리 인간도 이것이 별로 좋은 것은 아닙니다. 나쁜 일도 해서 지옥으로 뚝 떨어질 수 있고, 또는 마음 잘 먹고 행위를 바르게 해 천상이나 극락으로 갈 수 있는 것도 인간입니다.

업장業障이 가벼우면 인간에서 천상으로, 천상에서 우주의 도리를 아는 그런 성문聲聞으로 또는 연각緣覺으로 또는 중생과 더불어서 진리를 깨닫는 보살이 되어서 부처가 됩니다. 이와 같이 비록 우리가 지금 저 지옥에 있다 하더라도 또는 소가 되고 개가 되고 말이 된다 할지라도 근본 마음은 다 부처님인 것입니다. 모두가 업장이 무거워서 그런 곳으로 전락했을 뿐입니다.

영가여! 영가는 지금 극락세계로 가시고 계십니다. 그러나 극락세계는 그냥 갈 수 있는 것이 아닙니다. 먼저 애착을 뿌리쳐야 하는 것입니다. 자기 몸에 대한 애착, 자기 권속에 대한 애착 또는 자기 재산, 자기 권력, 자기에 관계된 모든 구속을 벗어버려야 극락에 가시는 것입니다. 극락세계는 몸도 마음도 무게도 없는 광명의 몸, 조금도 무게가 없는 중생만이 극락세계에 태어나는 것입니다.

영가여! 한 생각 놓아서 몸에 대한 애착, 권속에 대한 애착 또는 생전에 관계된 모든 것에 대한 애착을 뿌리치십시오. 그리고 영가가 눈을 들고 보시면 극락세계는 바로 훤히 보이시는 것입니다. 극락세계는 어느 중생한테나 다 보이는 것인데 우리 중생이 어두워서 스스로 못 보는 것입니다.

'자작범부自作凡夫'라, 우리 중생이 스스로 잘못 생각해서 업장을 짓고 스스로 고苦를 받는 것입니다. 번뇌를 짓는 것이고 이 무지無知 때문에 우주의 본바탕, 자기의 본래면목本來面目, 자기 본래 실존을 잘 모르기 때문에 번뇌를 일으키고 번뇌 때문에 나쁜 말을 하게 되고 나쁜 행동을 하고 그렇게 해서 인생고를 받는 것입니다. 인생고의 원인이 다른 데 있는 것이 아닙니다. 무지 때문에 잘못 봐서, 잘못 보기 때문에 잘못 행동해서 자기가 스스로 자업자득으로 받는 것입니다.

영가여! 오늘 모이신 유가족들이시여! 인생이라는 것은 본래 행복스러운 것인데 중생이 잘못 생각하고 잘못 행동해서 스스로 불행을 자초하는 것입니다. 행복스럽게 되려면 어떻게 해야 될 것인가? '삼복三福을 지으라'는 부처님 말씀이 있습니다. '석 삼三' 자, '복 복福' 자, 세 가지 복입니다

맨 처음에는 '세복世福'이라, '인간 세世' 자, '복 복福' 자, 인간 복입니다. 부모한테 효도하고 형제간에 우애하고 어른들을 공경하고 또는 일반 대중들한테 베풀어 주고 이런 것이 세상 복인 것입니다. 금생今生에 나와서 세상 복을 받는 사람들은 우연히 받는 것이 아닙니다. 금생에는 별로 안 지었다 하더라도 과거 전생에 모두가 그와 같이 복을 지었던 것입니다. 부모한테 효도하고 형제간에 우애하고 어른들을 공경하고 친구지간 우애하고 신의가 있고 또는 남한테 모두를 베풀고 이런 사람만이 정말로 태어나면서부터 행복을 받는 것입니다. 못생긴 사람, 불행한 사람은 과거 전생에 세복世福을 못 지은 것입니다.

그 다음은 '계복戒福'이라, 계행戒行을 지키는 복福이란 말입니다. 계복은 어떤 것이냐 하면 생물을 죽이지 않고 또는 훔치지 않고, 남이 주지 않는 것을 갖지 않고 정당한 수입이 아니면 갖지 않고 또는 자신의 배필 이외의 이성들하고 음란한 짓을 않고, 또는 거짓말·욕설·이간질하는 말을 하지 않고 또는 술 먹지 않고 이러한 등등의 계행을 지켜야 만이 복이 되는 것입니다.

금생에 돌아가신 ○○○ 영가와 같이 그렇게 당당하시고 늠름하신 분들은 모두가 이와 같이 세상 복을 짓고 또는 계행을 지키

는 그런 복을 지었던 것입니다.

그 다음에는 '행복行福'이라, '행할 행行' 자, '복 복福' 자, 이것은 성자의 길을 따르는 것입니다. 성자의 길이라는 것은 우주의 도리입니다. 공자나 석가나 예수나 맹자나 노자나 모두가 우주의 길을 깨닫고서 우주의 길을 가신 분들입니다. 우주의 길, 우주의 도리를 따를 적에 인간의 행복이 오고 사회도 평안스러운 것입니다.

우주의 도리를 안 따를 적에 개인의 마음도 불안스럽고 또는 사필귀정事必歸正으로 불행하게 됩니다. 과거 전생에 지은 복으로 인해서 금생에 좀 잘산다 하더라도 바로 못 살면 오래 못 갑니다. 마땅히 우리는 이와 같이 세상 복을 짓고 계행을 지키는 복을 짓고 또는 성자의 가르침 따라서 행동하는 그런 삼복三福을 지어야 하는 것입니다.

영가여! 극락세계가 저 십만억 국토 밖에 있는 것이 아니라 성자의 눈앞에 바로 이 자리, 한 걸음도 옮기지 않고 바로 이곳이 극락세계입니다. 이 세상이 광명光明으로 빛나는 극락세계인데 중생은 무지無知로 또는 탐욕심으로 또는 성내는 진심瞋心으로 가리어서 바로 못 보는 것입니다.

영가여! 모든 그런 얽힘을 다 떠나십시오. 허망한 이름, 눈에 보이는 일체 현상들은 모두가 다 허망 무상합니다. 사실이 아닌 것을, 꿈같은 것을 중생이 있다고 생각하는 것입니다.

영가여! '가상가명假相假名'이라, 가짜 상相 가짜 이름을 떠나서 저 극락세계 광명정토光明淨土 끝도 갓도 없이 빛나는 극락세계를 생각하십시오. 극락세계에는 아미타불, 관세음보살, 대세지보살, 그와 같이 무수한 부처님, 보살들, 성자들이 계십니다.

영가여! 그렇게 생각하실 적에 영가는 극락세계에 순식간에 가시는 것입니다. 영가여! 영가 앞에 있는 오색찬란한 구름을 타고, 광명光明으로 빛나는 구름을 타고 영가는 순식간에 극락세계에 가시는 것입니다.

영가여! 아미타불은 극락세계 교주의 이름인 동시에 모든 중생의 본래 이름이고 또는 모든 존재의 근원적인 근본 뿌리입니다. 일체중생의 본래 성품, 본래 실상實相 자리는 아미타불입니다. 영가가 지금 생각하실 것은 광명이 빛나는 극락세계이고 영가가 지금 부르실 것은 아미타불입니다. 우주의 진리인 동시에 자기의 참이름 극락세계의 교주인 아미타불을 일심으로 생각하십시오.

김가 박가 같은 이름은 금생에 인간으로 태어나서 잠시간 인연따라 붙인 가명假名에 불과합니다. 유가족들도 지금 극락세계에 가시는 어른을 위해 추모하는 가운데 가장 중요한 일은 영가와 똑같이 참다운 우리 생명의 이름인 아미타불, 관세음보살을 입으로 속으로 외시고 생각으로는 끝도 갓도 없이 훤히 빛나는 극락세계를 생각하시는 것이 돌아가신 어른을 추모하는 가장 최선의 길입니다.

영가여! 주저 없이 뿌리치셔서 해탈의 마음으로 극락세계에 왕생하시기 바랍니다.

나무 아미타불, 관세음보살!

돌아가신 영가가 가야 할
오직 하나의 길

○○○와 유가족을 위한 49재 천도 법어
1987년 3월 28일

○○○ 영가여! 세월은 흘러가는 강물 같아서 영가가 가신 지가 49일이 지났습니다. 영가여! 자세히 듣고 깊이 생각하십시오.

중생은 '모양이 있으면 살았다 하고 모양이 없으면 죽었다.' 합니다. 그러나 모양이 있고 없고 관계없이 생명은 죽지 않는 것입니다. 생명은 죽음이 없고 바로 영생永生하는 것인데 중생이 어두워서 생명의 본질을 못 보기 때문에 모양이 있으면 살았다 하고 모양이 안 보이면 죽었다 합니다.

'금유전무今有前無'라, 지금은 있어도 앞에는 모양이 없었습니다. 박 아무개, 김 아무개라 하는 인간 존재가 지금 있다고 하더라도 과거에는 없었습니다. 없다가 부모 인연 따라 금생今生에 사람 몸 받아 나와서 사람 몸이 이루어진 것입니다. '금유후무今有後無'

라, 금생에는 모양이 있다 하더라도 인연이 다해서 자기 몸이 사라지면 다시 죽은 다음에는 모양이 없습니다. 과거에 없던 모양이 금생에 있고 금생에 있던 모양이 미래에는 없습니다. 이와 같이 모양이 있고 없고 간에 생명은 존재합니다.

○○○ 영가여! 생각해 보십시오. 영가는 분명히 이 자리에 와서 극락세계에 갈 수 있는 마음 준비를 하신 것입니다. 인간의 사바고해는 언제나 탐욕심이나 분노심이나 또는 사물을 바로 못 보는 어리석은 마음 때문에 바른 생활을 못 합니다. 바른 생활을 못 하기 때문에 여러 갈래로 헤매는 것입니다. 자기 업장의 무게에 따라서 업장이 가장 무거우면 지옥으로 갔다가, 좀 가벼우면 아귀餓鬼로 갔다가, 좀 가벼우면 축생畜生으로 갔다가, 가볍고 무거움에 따라서 육도윤회六道輪廻라, 지옥·아귀·축생·아수라·인간·천상 등의 육도六道를 헤매는 것입니다.

이런 업장의 무게가 다 끝나서 본래 마음, 본래 생명으로 돌아가면 그때는 한계를 초월해서 욕심을 주로 하는 욕계欲界나 또는 모양이 있는 색계色界나 의식만 존재하는 무색계無色界나 이런 삼계三界를 초월해서 극락세계에 왕생하는 것입니다.

영가여! 깊이 생각하십시오. 업장의 무게라는 것은 탐욕심이나 분노심이나 또는 어리석은 마음의 무게인데, 더없이 사물에 집착하는 마음, 이런 마음이 업장입니다. 우리 중생이 몸이 있다가 사라질 때에는 세 가지 무거운 업장이 있습니다.

그것은 '평소에 쓰던 몸 이것이 내 것이다.' 하는 집착입니다. 몸이라는 것은 지地·수水·화火·풍風 사대四大 각 원소가 모이고 우리 의식이 모여, 이것이 부처님 말씀대로 하면 사대오온四大五蘊인데, 사대오온이 잠시 인연 따라 모여 몸이 이루어졌습니다. 이렇게 이루어진 몸이 인연이 다하면 각 원소는 원소대로 흩어지고, 다만 그 쓰던 마음만 가지고 갑니다.

　평소에 쓰던 그 마음은 몸은 사라졌다 하더라도 생명은 존재하는 것인데, 그러한 마음에 집착이 붙어 놓으면 그런 집착 때문에 아까 말씀드린대로 욕계欲界나 색계色界나 무색계無色界 그런 삼계三界를 뱅뱅 돌면서 해탈解脫을 못 하는 것입니다. 해탈을 못하면 우리 생명의 본고향인 극락세계에 못 갑니다.

　어떠한 것이 우리 인간이 돌아갈 적에 생기는 집착심인가 하면 우선 자기 몸에 대한 집착심입니다. 내 얼굴, 내 손, 내 발 이와 같은 것에 대한 집착심입니다. 매장하면 매장하는 거기까지 따라가면서 '아! 저 몸이 내 몸이다. 지금 땅에 묻힌 저 몸이 내 몸이다.' 하면서 집착심을 부립니다. 화장하면 집착심은 적어지지만 그래도 역시 집착한 흔적 때문에 자기 쓰던 몸에 대해서 느끼던 애착심은 떠나려야 떠날 수가 없습니다.

　또 한 가지, 아까도 말씀드린 대로 각 원소가 합해지고 또는 자기 의식, 분별 시비하는 그런 식識이 합해져서 사람 몸이 이루어졌습니다. 자기 몸을 구성했던 원소가 흩어져 버리면 몸은 간 곳이 없습니다. 흔적이 없습니다. 텅빈 광야에다가 여러 가지 자재를 구해서 집을 만듭니다. 그러나 집이 필요없어서 또는 인연이 다해서 집을 허물어 버립니다. 그러면 흙 또는 텅빈 광야만 남습니다. 그와 똑같이 사람 몸도 역시 인연 따라 잠시 사람 몸으로 나툴 뿐입니다. 인연이 다하면 그때는 모양이 없습니다. 몸을 구성하는 산소는 산소대로 수소는 수소대로 또는 탄소는 탄소대로 흩어지고 마는 것입니다. 아무 것도 없습니다.

바로 보면 이와 같이 중생의 몸은 없는 것인데, 그러면 정말로 아무 것도 없는 것인가? 아무 것도 없는 것은 아닙니다. 예를 들면 어두컴컴할 적에 지푸라기로 꼬아 만든 새끼 토막을 잘못 보고서 '저건 뱀이다.' 하는 것과 같이 우리가 그릇된 상相을 냅니다. 그러나 지푸라기나 새끼 토막이 없는 것은 아닙니다. 분명히 존재한단 말입니다. 그러나 뱀이라고 느끼는 그것은 존재하지 않습니다. 지·수·화·풍 사대四大가 합해진, 각 원소가 합해진 그 몸뚱이들을 '내 것이다.' 하는 것은 마치 어두컴컴할 적에 짚으로 꼬아진 새끼 토막을 뱀이라고 보는 것이나 똑같습니다.

이것은 '정유리무情有理無'라, 다만 우리 망상된 마음이 있는 것이지 사실은 없습니다. '나다' 하는 강 아무개, 김 아무개 그것도 역시 방금 말씀드린 대로 어두컴컴할 적에 새끼 토막을 가리켜서 잘못 보고서 '이것은 뱀이다.' 하는 것이나 똑같습니다. 다만 새끼 토막에 불과한 것인데, 바로 보면 새끼 토막이고 정말로 바로 보면 그때는 지푸라기뿐입니다.

성자들은 그러한 그릇된 것에 집착하지 않습니다. 그러나 우리 중생들은 새끼 토막을 보고 '뱀이다.' 이래 가지고서 '뱀이다.'라는 그 마음 때문에 자꾸만 업業을 짓습니다. 이 몸뚱이가 내 것도 네 것도 아닌데 '내 것이다.' 하는 잘못된 개념 때문에 이 몸뚱이에 좋게 하면 환희심을 내고, 몸뚱이에 싫게 하면 성내는 진심瞋心을 내는 것입니다.

바른 지혜가 무엇인가 하면 '지금 몸뚱이 이것이 내 것이 아니다.'는 지혜, 즉 말하자면 '몸뚱이를 구성한 내 몸이 본래 없다.' 하는, 마치 물에 비치는 달 그림자같이 '사실은 달이 아니고서 그림자에 불과하다.' 이와 같이 느끼지 못하는 한에는 아까 말씀드린 대로 지옥이나 아귀餓鬼나 축생畜生이나 그러한 윤회하는 길을 멈출 수가 없습니다. 새끼 토막의 본질은 지푸라기이듯이 우리 사람도 역시 본바탕은 바로 부처님입니다. 본바탕은 부처님인데 우리 중생이 어두워서 못 본단 말입니다.

인간이라 하는 것이 우리 중생의 눈에 그렇게 보이는 것이지 본바탕은 부처님입니다. 부처님으로 보는 이것이 바로 보는 것입니다. 바로 보는 견해가 없는 한 우리 중생은 몇만 생을 나고 죽고 되풀이하면서 욕계欲界나 색계色界나 무색계無色界나 지옥이나 아귀나 축생이나 아수라阿修羅, 인간, 천상 등 이러한 경계를 뱅뱅 돌아서 윤회하는 것입니다.

영가여! 깊이 생각하십시오. 우리 인간이 돌아갈 고향은 극락 세계입니다. 어느 곳도 머물 곳이 없습니다. 머물 곳은 그때그때 무상한 일시적인 것입니다. 몸은 흔적도 없습니다. 다만 우리 마음만 존재합니다. 그런데 마음도 역시 집착하는 마음, 욕심을 부리고, 성을 내고, 자타自他를 구분하는 마음은 삼계三界를 윤회하는 저 지옥으로 뚝 떨어졌다가 조금 나아지면 귀신이 됐다가 또는 축생이 되었다가 그렇게 헤매는 것입니다.

영가여! 깊이 생각하십시오. 우리 중생이 가야 하는 고향은 극락세계입니다. 극락세계는 광명光明으로 이루어져서 극락세계의 나무나 숲이나 집이나 또는 환경, 모두가 다 찬란한 광명으로 이루어진 빛나는 세계입니다. 이 세계는 영생하는 세계입니다. 여기로 가야만이 우리 인생은 비로소 인생고를 떠나 생노병사를 떠나 또는 영원히 만나서 헤어지지 않는 그러한 무량한 행복을 누리는 것입니다.

영가여! 깊이 생각하십시오. 우리 생명의 본바탕은 바로 부처고 우리가 갈 고향은 극락세계입니다.

이 자리에 모이신 사부대중이시여! 영가뿐만 아니라 살아 있는 우리도 역시 우리의 참모습은, 우리의 참생명은 바로 부처님이십니다. 참생명은 바로 부처님이시고 우리가 돌아갈 고향은 극락세계입니다. 비록 우리 인연이 복잡해서 바로 극락에는 못가도, 참생명인 부처님이 바로 못 되도 언젠가는 되야 하는 것입니다. 못 가고 못 되면 우리는 그만치 욕계欲界나 색계色界나 무색계無色界, 지옥이나 아귀나 축생이나 또는 아수라 등에서 헤매고 생노병사를 거듭하는 것입니다. 극락세계에 가서 영생하는 길 외에는 모두가 다 죽고 살고 아프고 늙고 하는 생노병사를 피할 수가 없습니다.

영가여! 깊이 생각하십시오. 영가가 가는 길은 오직 자기 몸에 대한 애착을 버리고, 금생今生에 대한 미련을 버리고, 자기가 아끼던 주변의 세간살이에 대한 집착을 버리고 오직 부처님한테 가는 길, 부처님 되는 길 뿐입니다. 부처님 되는 길이나 극락세계 가는 길은 똑같은 길입니다. 부처님이 되어야 비로소 극락세계에 가는 것입니다. 극락세계에 가야 참다운 부처가 되는 것입니다. 극락은 인간 누구나 갈 수 있는, 꼭 가야 하는 우리 근본 생명의 고향입니다.

영가여! 자세히 관찰하십시오. 돌아갈 고향인 극락세계는 광명光明으로 빛나는 세계입니다. 아미타 부처님, 관세음보살님 또는 대세지보살님, 무수한 보살님들이 계시는 세계입니다.

영가여! 집착만 버리고, 욕심이나 진심瞋心이나 어리석은 마음이나 그러한 업장業障을 구성하는 마음만 버리고 눈을 들면 극락세계의 찬란스러운 영원한 세계의 모습이 보이는 것입니다. 극락세계의 아미타 부처님께서 관음보살이나 무수한 보살을 거느리고 계시고 영가가 타고 가실 찬란한 연화대蓮花臺가 보이는 것입니다.

영가여! 바로 눈을 들고서 보살님들이 내미는 금색 연화대에 오르셔서 조금도 미련없이 극락세계에 왕생하시기 바랍니다.

유가족이시여! 돌아가신 ○○○ 영가를 위하는 가장 지극한 효심은 오직 영가가 극락세계에 왕생하시기 위해서 우리 인간의 참다운 이름 또는 영원한 생명의 이름, 우주의 이름인 아미타불, 관세음보살을 일심으로 염하는 것입니다.

유가족이시여! 다시 명심하십시오. 돌아가신 ○○○ 영가를 위한 가장 큰 효심은 영가를 위해 무수한 재물을 쌓는 그것도 아무런 소용이 없고 다만 영가를 위해서 바른 생각, 바른 마음을 가지고 바른 생활을 하면서 오직 인간 모두의 참이름, 일체중생의 참생명의 이름 또는 우주의 이름, 내 생명의 참이름인 아미타불, 관세음보살님을 일심으로 외우면서 ○○○ 영가가 하루 빨리 극락세계에 돌아가시기를 바라는 그 마음이 최선의 효심인 것입니다. 이렇게 해서 돌아가신 ○○○ 영가나 우리 사부대중이나 모두가 다 한결같이 자기 본고향인 극락세계로 하루 빨리 가시기를 간절히 바라면서 오늘 말씀을 마칩니다.

나무 아미타불!

본래면목을 깨닫고
지금 바로 눈을 뜨라

사바세계의 인연은 무상無常하고도 허무합니다. ○ ○ ○ 영가여! 자세히 듣고 깊이 생각하십시오. 사바세계娑婆世界의 몸이라 하는 것은 색신色身이기 때문에 모양이 있고 또는 여러 가지 거기에 따르는 제약이 있습니다. 그러나 참몸인 법신法身은 모양도 없고 이름도 없습니다.

영가여! 깊이 생각하십시오. 사람은 죽어서 화장을 하면 재만 남고 매장을 하면 그냥 흙만 남는 것입니다. 영가의 몸은 지금 어디에 있습니까? 영가의 몸은 지금 매장되어 묻혀 있습니다. 그러나 영가의 법신은, 법신 위에 때묻은 영가의 업식業識은 분명히 부처님의 위신력에 의해서 이 자리에 와서 천도薦度 법어를 듣는 것입니다.

영가여! 깊이 생각하십시오. 우리가 떠나온 본래 자리는 가상假相 가명假名을 떠난 순수한 불성佛性입니다. 우리의 참면목은 모든 명상名相을 떠나버린 순수한 생명, 순수한 불성인데 사바세계의 인연 따라 헤매다가 거꾸로 잘못 보기 때문에 각 원소가 그때그때 합해진 이러한 몸을 자기 몸이라 고집하고 또는 우리가 감수하고 상상하고 분별 시비하는 그러한 업業을 자기 마음이라 고집합니다.

그러나 지地·수水·화火·풍風 사대四大로 이루어진 이 몸은 인연이 다하면 그냥 허물어져서 아무 것도 없는 자리로 돌아가고 맙니다. 모양도 공空이요, 소리도 공이요, 냄새도 공이요, 다 공인 것입니다.

영가여! 영가가 가시는 길에는 아무도 못 따라갑니다. 영가의 사랑하던 아내도, 아들도 딸도 다 못 따라갑니다. 영가의 재산도 영가를 못 따라갑니다.

중생은 자기 본래면목本來面目을 잘못 보기 때문에, 자기 몸이 아닌 것을 자기 몸이라 고집하고 자기 마음이 아닌 것을 자기 마음이라 고집하기 때문에 삼계육도三界六道에서 한량없는 고생을 받는 것입니다.

욕심을 못 떠나면 욕계欲界 중생, 진심瞋心을 못 떠나면 그때는 색계色界 중생, 무명심無明心의 끄트머리를 못 떠나면 그때는 무색계無色界 중생, 이러한 삼계三界에서 헤매는 것입니다. 우리 중생이 윤회하는 세계는 지옥, 아귀, 축생, 수라, 인간, 천상의 육도 세계입니다. 이 자리에서 자기 본래 생명을 바로 못 볼 때는 영원히 윤회하고 마는 것입니다.

영가여! 영가는 오늘 자기가 아닌 그런 껍데기를 다 벗어버리고 참다운 면목을 발견해서 우리 생명의 본래 고향인 극락세계로 가시는 것입니다.

영가여! 자세히 듣고 깊이 생각하십시오. 가시는 길에 장애가 무엇인가? 자기 몸이 자기 것이라고 생각하기 때문에, 거꾸로 본 망상된 생각들이 자기라고 생각하기 때문에 자기 권속이 있고 또는 자기 몸이 있고 자기 재산이 있다고 고집하는 것입니다.

우리 중생들은 자기가 평생 동안 쓰던 몸을 굉장히 소중히 여깁니다. 더러는 분도 바르고 더러는 향수도 바르고 또는 금가락지도 끼고 다이아몬드 반지도 끼고 이렇게 해서 사랑하고 가꾸고 합니다. 몇십 년 동안 그렇게 아끼고 자기 몸을 아끼는 나머지 더러는 남을 죽이기도 하고 배신도 하고 거짓말도 하고 이렇게 해서 아낀 자기 몸이기 때문에 인연이 다해서 갈 때에도 자기 몸 때문에 잘 못 갑니다.

한번 죽어지면 죽어진 몸에는 아무 것도 없습니다. 거기에는 생명이 없는 것입니다. 앞서 말씀한 바와 같이 화장하면 재만 남고 땅에 파묻으면 썩어서 흙만 남습니다. 몸의 피는 수분으로 돌아가고 불 기운, 물 기운과 같은 모든 원소는 다 흩어지고 마는 것입니다. 아무 것도 안 남습니다. 참답게 남는 것은 본래면목 자리, 참생명뿐입니다. 영원하다고 고집하기 때문에 내 몸이라고 의지해서 살 때에 잠시 만났다가 헤어지는 자기 아내, 자기 남편, 자기 자식, 자기 친구, 자기 권속들을 내 것이라고 고집합니다.

영가여! 깊이 생각하십시오. 재산도, 아내도, 권속도 아무 것도 못 따라갑니다. 다만 영가가 평소에 쓰던, 어떻게 마음을 썼던가 하는 그런 업식만 영가를 따라 갑니다.

영가여! 영가는 복이 많은 분입니다. 영가와 산승山僧이 만난 것도 상당히 깊은 인연입니다. 영가는 훌륭한 부인을 두셨습니다. 재齋 때마다 천리길을 마다않고 자녀분들을 거느리고 한 번도 빠짐없이 참석하셨습니다. 오늘 이와 같이 지성스런 불자님들이 많이 모이신 것도 영가의 복이요, 영가가 훌륭한 부인과 자식을 두셨기 때문에 그런 것입니다.

영가여! 깊이 생각하십시오. 우리 본래면목本來面目이라 하는 것은 어떠한 것인가? 이것은 불성佛性, 부처님 성품이고 바로 부처님입니다. 지장보살이고 관세음보살이고 아미타불이고 또는 문수보살이고 대일여래고 모두가 다 부처님 이름입니다. 우리 부처님 공덕功德은 한도 끝도 없고, 부처님 공덕은 바로 내 본성품인 공덕인 것이고, 바로 우주고, 바로 우주의 진리, 우주가 부처님 몸이고, 우주의 모든 존재, 모든 능력 이것이 부처님 공덕인 것입니다.

부처님 공덕이 한량없기 때문에 부처님의 자비나 지혜광명이 빛나는 자리에서는 무량광불無量光佛이고, 부처님의 지혜나 자비 광명은 우주에 가득 차 있으니까 광명변조光明遍照이고, 부처님한테 깃들어 있는, 모든 존재의 생명에 깃들어 있는 그러한 기쁨은 한이 없기 때문에 부처님의 이름 또한 환희장마니보적불歡喜藏摩尼寶積佛입니다.

또 우리 본래면목인 동시에 우주의 본래면목 자리인 부처님은 기쁨이나 행복이 한이 없기 때문에 환희광불歡喜光佛이고, 자비나 능력이나 어떠한 것이나 원만무결하게 갖춘 것이 부처님 자리인 것입니다.

그런 부처님 자리하고 우리 중생의 본래면목本來面目 자리는 절대로 둘이 아닙니다. 우리 중생이 업業을 지어 지금 '김 아무개, 박 아무개' 이렇게 부른다 하더라도 이것은 겉만 차이가 있고 형상적인 차이만 있는 것이지 본래면목 자리는 김가나 박가나 또는 동물이나 식물이나 어떠한 광물이나 모두 다 똑같은 부처님 성품으로 가득 차 있습니다. 우리 중생의 몸 어느 부분에 부처님이 계시는 것이 아니라 우리 몸 머리카락부터 발가락까지 조금도 빈틈없이 부처님이 꽉 차 계시는 것입니다.

영가여! 깊이 생각하십시오. 영가가 쓰시던 그 몸은 영가의 참다운 몸이 아닙니다. 인연 따라서 잘못 봤기 때문에 본래면목 자리, 불성佛性 자리를 잘못 봤기 때문에 삼계육도三界六道에서 오랫동안 헤맸던 것입니다. 우리 중생들은 오랜 나그네 길입니다. 고향 떠나와서 바로 못 보면 천만생 윤회하고 윤회하다가 고생만 받는 것입니다.

영가여! 본래면목을 깨닫고서 지금 바로 눈을 뜨십시오. 자기 몸에 대한 애착, 자기 권속에 대한 애착, 모든 애착을 다 털어버리고 바로 눈을 뜨십시오.

사바세계의 만남은 결국 헤어지고 맙니다. 사바세계의 삶은 결국 죽고 마는 것입니다. 금생에 만났던 그런 좋은 인연들, 훌륭한 아내, 선량한 자식들 또는 좋은 친구들 이런 분들하고 영생에 만나는 길은 무한 공덕인 것입니다.

부처님 공덕功德을 자비로운 쪽으로 보면 관세음보살, 지혜로운 쪽으로 보면 문수보살, 또는 유명계幽冥界의 중생을 다스리는 쪽에서 볼 때는 지장보살, 우리 중생의 본래면목인 동시에 또는 극락세계의 교주인 동시에 바로 우주 실상實相의 명호名號, 이것이 아미타불입니다. 극락세계의 교주인 동시에 영가의 본래면목의 이름이기도 한 아미타불, 아미타 부처님은 모든 중생을 극락세계에 오도록 인도하십니다.

영가여! 아미타 부처님이 관세음보살님을 거느리고 영가 앞에 지금 서 계십니다. 금색 찬란한 광명으로 이루어진 연화대蓮花臺가 바로 영가 앞에 있습니다. 모든 상相을 떠나버린 참다운 극락세계의 법성法性이 영가를 기다리고 있습니다.

영가여! 훌훌 털어버리시고서 정말로 쾌활한, 정말로 가벼운 그런 몸으로 연화대에 앉으셔서 극락세계에 왕생하소서.

나무 아미타불!
나무 관세음보살!

일체 존재의 참다운 이름
나무아미타불 염불의 의미

○○스님 모친 49재 천도 법어
1990년 9월 24일

○○○ 영가여! 자세히 듣고 깊이 생각하십시오. 한 아들이 출가해서 도道를 닦아서 공부를 하면 구족九族이 생천生天하는데, 네 아들이 다 출가해서 공부를 하고 계시고, 또 한 아들은 5년째 묵언수행을 하고 계십니다. 그 공덕功德이 얼마나 많겠습니까. 하물며 오늘 49재를 맞이해서 성실하고 반듯한 좋은 시식施食을 받고 계십니다. 따라서 영가께서는 틀림없이 왕생극락을 하실 것입니다.

산승山僧은 영가 아드님과는 사제지간의 인연 관계가 있고 또한 영가하고도 인연이 깊습니다. 산승이 새삼스럽게 좋은 법문을 안 한다 하더라도 영가의 그런 선근공덕善根功德으로 해서 극락왕생은 틀림이 없지만 그러한 인연 관계로 해서 산승이 노파

165

심에서 마지막 인도의 법문을 하겠습니다.

영가여! 자세히 듣고 깊이 생각하십시오. 우리 사람이라 하는 것은 마음이 밝을 때는 어떠한 것도 거리낌이 없습니다. 천지우주가 그대로 마음 세계뿐이고 또는 지옥이나 아귀餓鬼나 축생畜生이나 아수라阿修羅나 인간이나 천상天上이나 그러한 흔적도 없는 것입니다. 그러나 마음이 무명無明에 가릴 때는 분명히 지옥도 있고 아귀도 있고 축생도 있고 아수라도 있고 인간도 천상도 모두 있는 것입니다.

깨달으면 천지우주가 모두 광명光明뿐이고 또는 찬란한 화장세계華藏世界인데, 깨닫지 못하면 욕계欲界, 색계色界, 무색계無色界 삼계三界가 있고 또는 지옥, 아귀, 축생, 아수라, 인간, 천상 그런 육도六道 중생의 갈래가 있는 것입니다. 한번 잘못 살면, 마음 깨닫지 못하고 어두우면 지옥이나 아귀나 축생이나 삼악도三惡道로 전락되는 것이고, 조금 잘 살면 아수라, 인간, 천상으로 갈 것이나 이것 역시 인간의 본마음 자리는 못 됩니다.

영가여! 영가는 과거 전생에 선근善根을 많이 심어서 자연히 인간으로 태어나셨고 금생今生에 나와서는 네 분의 출가사문을 낳을 정도로 훌륭한 어머니셨습니다. 또 영가는 어떤 곤란스러운 때도 제가 아는 범위 내에선 한 번도 얼굴을 찌푸린 적이 없습니다. 산승山僧이 여기 칠장사에 미물다가 5년 전에 떠나갈 적에 영가께서는 산승의 손을 잡고 눈물을 흘리셨습니다.

또 그 전에도 여러 차례 만났는데 그럴 때마다 한 번도 얼굴이 흐린 적을 못 보았습니다. 그 밝은 얼굴, 밝은 미소가 산승의 뇌리에는 지금도 또렷이 남아 있습니다. 그와 같이 영가께서는 선근善根이 지극히 깊어 보이십니다. 그러기에 네 분의 스님을 낳으셨습니다.

영가여! 영가가 생전에 하신 공부도 많으셔서 영가의 공덕功德으로 해서는 틀림없이 극락왕생이 결정되시지만 공부를 좀 했다 하더라도 육근청정六根淸淨한 그런 성자의 존재가 못 되면 잊어버리는 것입니다. 따라서 잊어버리실까봐 차마 산승이 노파심에서 다시 한번 말씀을 드립니다.

부모님의 연을 만나서 한번 나오면 그때는 '날 생生' 자, '있을 유有' 자 '생유生有'라 하는 것입니다. '생유'에서 낳고 '본유本有'에서 한세상 살고 또는 '사유死有'에서 바로 죽고, 죽어서 미처 갈 곳을 모르고서 헤매는 그때는 '중유中有'란 말입니다. 영가는 지금 '중유'에서 극락세계로 비약적으로 가시는 것입니다.

영가여! 영가뿐만 아니라 모든 중생들은 업장業障이 무거워서 헤맬 때는 욕계欲界나 색계色界나 무색계無色界나 삼계三界를 윤회하지만 한 생각 깨달아서 밝은 마음이 생기고 또는 진여불성眞如佛性 자리, 본래면목本來面目 자리를 깨달아 버리면 그냥 극락세계로 바로 왕생하실 것입니다.

그러나 그 극락세계도 자기 바탕 근본 따라서 차이가 있습니다. 가장 낮은 극락세계가 하품하생下品下生이요, 그 다음이 하품중생下品中生이요, 그 다음이 하품상생下品上生이요, 또는 올라가서 업장이 가벼우면 중품하생中品下生이요, 올라가서 중품중생中品中生이요, 올라가서 중품상생中品上生이요, 또는 올라가서 상품하생上品下生, 상품중생上品中生, 또는 상품상생上品上生이라, 바로 깨달아서 마음의 그림자가 하나도 없으면 그때는 상품상생으로 가는 것입니다.

영가여! 사람 몸이라 하는 것은 과거 전생에 업業 따라서 자기 몸을 구성한 지·수·화·풍 사대四大, 지금으로 말하면 산소나 수소나 질소나 탄소나 그러한 각 원소가 합해서 우리 몸이 됩니다. 이런 것이 합해서 몸이 되는데 우리의 마음은 대체로 어떤 것입니까? 마음은 우리가 감수하고 상상하고 또는 의식하고 분별 시비하고, 수受와 상想과 행行과 식識이 모여서 우리 마음이 됩니다.

그런데 범부凡夫는 그 오온五蘊이 허망한 줄 모르고 사대四大가 합해진 색신色身 이것이 참다운 자기 몸이요, 또는 분별 시비하는 그 마음이 자기 마음이라고 집착할 수 있습니다. 이것을 '나'라고 집착할 수 있습니다. 그러나 몸이라는 것은 지·수·화·풍 사대가 잠시 합해졌기 때문에 이런 것은 일정한 실체가 없습니다. 잠시도 지·수·화·풍 사대가 합해서 머물지 않는 것입니다. 따라서 어느 순간도 자기 몸은 그대로 있을 수가 없습니다.

사람 몸뿐만이 아니라 어떠한 것이나 산하대지 삼라만상 두두

물물 모두가 이러한 물질적인 존재는 어느 순간도 머물지 않습니다. 그러기에 무상인 것입니다. 어느 공간에 머물러 있어야 시간적으로도 존재할 수 있는 것인데 어느 공간에도 머물러 있지 않거니 어느 시간도 존재할 수가 없습니다. 따라서 무상無常이요, 공空입니다. 무상이요, 공인 것은 나라고 할 수가 없습니다. 이렇게 공한 것입니다.

바로 볼 때는 어느 사람이나 어느 존재나 다 무상한 존재요, 무상한 존재이기 때문에 이것은 공이요, 또는 공이기 때문에 '나'라고 할 것이 없습니다. '나'라고 할 것이 없는 것인데 우리 중생들은 진여불성眞如佛性이라 하는 본체를 못 보고 현상적인 그런 모양만 보기 때문에, 모양도 그때그때 잠시 모여 변화해 마지않는 것을 그대로 있다고 생각하고 집착하는 마음 때문에 몸뚱이 이것이 내 몸이요 분별 시비하는 마음이 내 마음이라 합니다. 그것은 모두가 다 우리 중생들이 성품을 못 보고 현상만 보기 때문에 그런 것입니다. 본체를 못 보고 이름에 걸리고 이른바 명상名相에 집착하기 때문에 참다운 자기 생명을 못 보는 것입니다.

영가여! 참다운 생명은 자기 몸, 이 색신이 아니고 자기가 지금 분별 시비하는 이 마음이 아닙니다. 이것은 하나의 거품 같은 또는 뜬구름 같은 가상假相에 불과합니다.

영가여! 오늘 인연 따라 모이신 우리 사부대중이시여! 도둑놈 가운데 참도둑놈 또는 배신자 가운데 가장 무서운 배신자는 다른 데 있지 않습니다. 자기 몸뚱이가 가장 지독한 도둑놈이고 가장 악독한 배신자입니다. 생전에 제아무리 산해진미로 호의호식을 시키고 또는 온갖 비단으로 몸을 치장시키고 금은 패물을 몸에 찬다고 하더라도 이것은 종당에는 인사도 없이 사라지고 마는 것입니다. 이 몸뚱이 태우면 재가 되고, 흙에 묻으면 그때는 흙이 되고 맙니다. 우리 피나 고름이나 우리 눈물이나 흔적도 없습니다.

○○○ 영가여! 우리 사부대중이시여! 이 몸이 대체 무엇입니까? 아까 제가 말씀드린 바와 같이 몸 이것은 안개가 모인 것과 같고 또는 꿈의 부스러기가 모인 것과 같습니다. 지地·수水·화火·풍風 사대四大의 땅 기운 지地도 역시 허망한 것이요, 물 기운 수水도 허망한 것이요, 불 기운 화火 이것도 허망한 것이요, 바람 기운 풍風도 허망한 것입니다.

산소도 허망한 것이요, 수소도 허망한 것이요, 질소도 허망한 것입니다. 이러한 것들은 모두가 다 에너지라 하는, 물질이 아닌 하나의 생명이 진동하고 운동해서 그러한 것이 될 뿐입니다. 중생들은 본바탕을 못 보고 상만 보기 때문에 한동안 이루었다가 사라지는 구름 같은 존재를 '나'로 고집합니다.

그러나 이 도둑놈은 어떠한 경우도 우리 마음대로 할 수 없습니다. 이 도둑놈은 욕심도 한정이 없어서 백만 원이 있으면 천만 원 갖고 싶고 천만 원이 있으면 억대를 갖고 싶고 정말로 히말라

야산보다도 더 많은 금덩이가 있다 하더라도 그것으로 만족 못하는 것이 도둑놈 호주머니입니다. 다이아반지를 끼어보나 무얼 끼어보나 죽은 다음에는 자기 손가락이 흔적도 없습니다. 그러나 중생들은 참다운 우리 생명의 진여불성眞如佛性 자리가 바로 부처님인데 이 자리를 모르기 때문에 바로 그 무명심無明心 때문에 지옥으로 아귀餓鬼로 축생畜生으로 헤매는 것입니다. 무명심만 없다고 할 때에는 바로 내 몸이 천지우주와 더불어 조금도 차이가 없습니다.

나의 본생명 또는 일체 존재의 본생명 이것을 아는 것은 부처님 가르침뿐입니다. 우리 부처님의 가르침은 과학인 동시에 철학이요, 종교입니다. 부처님 가르침인 인과율因果律 이것은 철두철미한 과학이고, 또 인생과 우주의 본바탕을 훤히 아는 것은 부처님 가르침밖에 없습니다. 인생과 우주의 본바탕을 아는 참다운 철학, 또는 그 자리를 증명하는 참다운 종교는 역시 불교밖에 없습니다. 부처님을 믿는 것은 무엇을 믿는 것인가? 허망虛妄 무상無常한 상相을 떠나서 참다운 본래면목本來面目 자리, 진여불성眞如佛性 자리를 믿고 사는 것이 부처님 가르침인 것입니다.

영가여! 영가가 가실 곳은 극락세계입니다. 극락세계는 삼독심三毒心을 떠나버린 곳으로 무명심無明心을 떠나버린 분만이 갈 수가 있습니다.

영가여! 자세히 듣고 깊이 생각하십시오. 극락세계는 필경 돌아가야 할 일체중생의 고향입니다. 극락세계는 땅도 황금으로 되어 있고 나무도 숲도 모두가 다 금색 찬란한 광명으로 되어 있습니다. 극락세계는 광명정토光明淨土입니다. 극락세계의 교주는, 극락세계에서 우리 중생에게 법문하시는 부처님은 아미타불입니다. 또한 극락세계는 삼독심을 떠난 무수한 보살들이 존재하는 세계입니다.

극락세계에 가는 첩경捷徑을 말씀하신 법문인 『대무량수경大無量壽經』에는 법장비구가 극락세계를 건립할 때 세운 사십팔원의 원력願力이 있습니다. 그 가운데 열여덟 번째 원으로 염불왕생원念佛往生願이라, 염불하면 극락세계에 왕생한다는 그러한 법문입니다.

그 법문의 말씀인데, 우리 중생이 설사 업장이 무겁다 하더라도 우리 인간의 어느 누가 업장이 없겠습니까. 삼독심이 있는 중생이라면 누구나 다 업장이 있습니다. "범부凡夫 가운데 비록 업장業障이 무겁다 하더라도, 진심으로 참다운 마음으로 열 번만 '나무아미타불'을 왼다고 하면 틀림없이 극락세계에 태어난다." 이렇게 말씀하셨습니다. 그러나 그전에 일심으로 조금도 남을 미워하지 않고 참다운 평등심을 가져야 할 것인데 보통 사람은 어렵습니다.

그러나 영가여! 영가의 참생명은 영가의 몸도 아니요, 영가의 자식도 아니고, 영가의 처자도 아닙니다. 자기의 몸도 자기를 못 따라오고 자기 자식도 못 따라오고, 자기 아내도 남편도 못 따라옵니다. 어떠한 것도 못 따라옵니다. 오직 자기의 업식業識만 가지고 홀로 가는 것이 우리 중생이 가는 길입니다. 우리 중생들이 몸이 있고 자식이 있고 형제가 있고 이럴 때는 일념 되기 어려우나, 업식만 가지고 있는 그러한 심식心識이기 때문에 마음만 잘 먹어 한 생각 돌이키면 그냥 일념이 되시는 것입니다.

극락세계는 무한의 세계이기 때문에 어떠한 세계나 한도 끝도 없이 모두가 다 극락세계입니다. 우리 중생이 볼 때에는 극락 따로 있고 지옥 따로 있습니다만 밝은 분들이 바로 볼 때에는 비단 도인들이 가는 그 세계가 극락세계가 아니라 이 세계도 역시 화장세계華藏世界라 바로 극락세계인 것입니다.

왜 그런가 하면 우리 중생들은 상相만 보고 또는 겉만 보는 것이지만 본성품을 보는 성자의 안목에서 본성품이라는 것은 바로 진여불성眞如佛性이기 때문에 나무나 소나 어떠한 것이나 우리 중생들이 상에 가려 나쁘고 더럽다 하더라도 더러운 것은 흔적도 없는 것입니다. 사바세계娑婆世界 이대로가 바로 극락세계요 화장세계이기 때문에 극락세계라 하는 것은 정말로 바로 볼 때에는 광명정토라 어느 곳 어느 처소나 모두 다 진여불성의 청정미묘한 영생의 광명으로 충만되어 있습니다.

따라서 영가여! 영가가 아직은 그렇게 안 보인다 하더라도 영가가 가실 극락세계는 조금도 흠이 없는 훤히 빛나는 자비慈悲요,

지혜요, 또는 일체 무량공덕無量功德을 갖춘 광명의 세계입니다. 극락세계의 그 마음을 단 한순간도 놓치지 않기 위해서 극락세계의 교주, 참다운 생명의 이름 '나무아미타불'을 간절히 부르십시오.

영가여! 극락세계, 우리가 갈 본고향 또는 우주의 참다운 실상實相인 동시에 일체 존재, 일체중생이 돌아가야 할 참다운 고향 이 자리를 마음에 간직하십시오. 그리고 진여불성 자리의 참이름인 동시에 우주의 이름, 극락세계 교주의 이름인 '나무아미타불'을 간절히 부르시기 바랍니다.

오늘 이 자리에 모이신 사부대중이시여! 오늘 천도薦度를 받는 청신녀 ○○○ 영가의 극락왕생을 돕는 길은 다른 길이 없습니다. '섭섭하다. 슬프다.' 그러한 습정習情에서 우러난 말들은 극락세계의 왕생을 돕는 힘이 못 됩니다. '우리의 참다운 생명의 고향은 극락세계다. 우리 참다운 생명의 본체는 진여불성眞如佛性이다.' 이렇게 믿고 나의 참이름, 우주의 참이름 또는 일체 존재의 참이름인 '나무아미타불'을 간절히 외우시기 바랍니다.

이렇게 하시는 것이 오늘 극락세계로 바삐 가시는 ○○○ 영가의 왕생을 촉진하는 제일의 법문이 되는 것입니다. 우리가 꿈을 꾸고 있는 그러한 중생의 망념으로 볼 때는 아까 말씀드린 바와 같이 지옥, 아귀, 축생, 수라, 인간, 천상이 분명히 있습니다. 그러나 밝은 눈으로 볼 때에는 그러한 것은 흔적도 없이 모두 다 청정미묘한 광명세계인 것입니다. 깨달으면 바로 부처요 또는 바로 극락이고, 깨닫지 못하면 바로 지옥이요, 아귀요, 또는 축생이요, 하는 것입니다.

우리가 지금 인간에 있다 하더라도 아까 말씀드린 바와 같이 가장 무서운 도둑놈, 가장 배신자인 내 몸뚱이 이것을 생각하고 참다운 생명을 외면할 때는 영원히 청정한 빛을 등지고 어두운 세계로 가는 것입니다. 우리 중생, 우리 인간에게 있어서는 어두움과 광명이 따로 있습니다. 자기 몸뚱이만 생각하고 자기와 가까운 권속의 몸뚱이만 생각하고 이렇게 물질 위주만 생각할 때는 우리 인간은 고통에서 벗어날 길이 없습니다.

우주의 참다운 도리 이것은 누구나가 참다운 진리의 부처님을 딱 믿고 그 자리를 확신하고 그 자리에 가도록 가상假相이나 또는 가명假名을 떠나 생활도 하고 공부도 하는 것이 우리가 우주의 도리를 따르는 것입니다. 진리에 반하는 길은 참다운 자유와 참다운 행복이 없습니다. 진리를 따라야만이 참다운 자유와 행복이 있습니다.

나무 아미타불!

하나의 티끌에서 온 우주까지
모두가 부처님입니다

○○○ 영가 49재 천도 법어
1990년 11월 28일

○○○ 영가여, ○○○ 영가여! 우리 인간사에 있어서 가장 중요한 것이 죽고 살고 하는 생사生死입니다. 다른 것은 그때그때 허망虛妄 무상無常합니다만 생사대사生死大事, 이것은 우리가 피하려야 피할 수 없는 인간의 한계 상황입니다.

○○○ 영가여, ○○○ 영가여! 영가들은 지금 죽음 길에 계십니다. 우리가 생각할 때는 삶만 있고 죽음이 없으면 좋겠고 또는 만남만 있고 이별이 없으면 좋겠습니다만 이 사바세계娑婆世界는 꼭 상대적으로 음이 있으면 양이 있고 또는 밤이 있으면 낮이 있습니다.

이러한 것은 부정적인 의미만 있는 것은 아닙니다. 죽음이 영영 죽어져 버려 다시 부활하는 신생의 의의가 없다면 나쁜 것이겠습니다만 죽음이라 하는 것은 금생今生에 어설픈 인간이 생生을 그만두고 새로운 생으로 다시 한 단계 높은 생으로 가는 과정입니다. 따라서 우리 인간 세상이 완벽한 지상의 행복이 아닐 바에는 꼭 죽음은 필요한 것입니다.

○○○ 영가여, ○○○ 영가여! 사람 생명이 한번 있으면 꼭 네 가지 과정을 거칩니다. 인연 따라 탄생이라 하는, 출생이라 하는 남이 있고, 한번 났으면 오랫동안 인연이 다할 때까지 살아야 하는 생이 있고, 그 다음에는 다시 다른 생으로 옮기는 죽음이 있습니다. 죽음 다음에는 다시 중유中有가 있습니다.

이와 같이 네 가지 과정, 즉 맨 처음에 태어나는 생유生有와 그 다음에 한세상 사는 본유本有라, 그 다음에 죽어지는 '죽을 사死' 자 사유死有라, 그 다음에 죽어서 다음 세상까지 가는 죽음 세계, 저승 세계 이것이 이른바 중유 세계입니다. 생유, 본유, 사유, 중유 이러한 네 가지 과정은 누구나 다 거치는 것입니다.

영가들이시여! 영가들이 바르게 사셨고 복도 많으시기 때문에 이 자리에 이렇게 유족들이 많이 모여 영가들의 명복을 빌고 계십니다. 그러나 인간이라는 것은 '몽환포영夢幻泡影'이라, 꿈이요 허깨비요 그림자요 풀잎 끝에 이슬같이 허망虛妄 무상無常한 것입니다. 죽음은 노소부정老少不定이라, 늙은이라 해서 빨리 가는 것도 아니고 나이가 적다 해서 반드시 뒤에 가는 것도 아니라는 얘기입니다. 중생들은 그런 것을 잘 모르기 때문에 허망한 것을 허망하지 않다고 하는 데서 우리 중생의 깊은 고뇌가 있습니다.

대체로 사람의 몸은 어떠한 것인가? 사람 몸이란 것은 불교적인 술어로 하면 땅 기운, 물 기운, 또는 불 기운, 바람 기운 이러한 기운이 모여 이루어져 있습니다. 현대적인 말로 하면 산소나 수소나 탄소나 질소나 이런 것들이 잠시 인연 따라 모여서 우리 몸이 구성되어 있습니다.

지금 있는 이 몸은 본래 있던 몸도 아니고 바로 전생에 이와 닮은 몸도 아니었습니다. 또 태어날 때는 이와 같이 성인成人의 몸도 아니었습니다. 과거에도 없었고 금생에도 그때그때 변동해서 잠시 각 원소가 모여서 구성되는 몸, 그 몸은 종당에는 허물어지고 마는 것입니다.

중생들은 변동해 마지않는 몸 또는 내생 가서는 완전히 없어져 버리는 그 몸을 자기 것이라고 고집하는 데서 모든 인간의 고뇌가 생겨납니다. 내 몸도 그렇고 또는 자기 아내 몸도 그렇고 자기 남편 몸도, 자기 자식 몸도 똑같이 과거에도 없었고 미래에도 없습니다. 현재도 그때그때 변동해 마지않습니다.

이렇게 허망한 것을 우리 중생들이 잘 모르고 내 몸이요, 네 몸이요, 내 권속이요, 내 아내요, 그렇게 집착을 하는 것입니다. 따라서 인생의 근본 도리를 탐구하는 깊은 철학이라든가, 인생의 영원한 행복을 추구하는 종교라든가 이러한 것은 모두 다 인생의 무상無常함을 역설합니다. '허망虛妄 무상無常하다.' '꿈같다.' 그렇게 하는 것입니다. 사실 '꿈'인 것입니다.

영가들이시여! 우리 인간이 죽음도 없고 이별도 없고 상대적인 허망 무상한 것을 떠나가는 세계가 있습니다. 만약 우리 생명이 정말 허망 무상으로 끝나버리면 삶은 아무런 의미가 없습니다. 그러나 우리 생명이 본래적으로 떠나온 생명의 고향도 있는 것이고 또는 장차 돌아가야 할 생명의 고향도 있습니다. 이것이 극락세계입니다. 누구나 다 극락세계에서 와서 다시 극락세계로 가는 것입니다.

어째서 극락을 떠나왔는가? 천지우주의 순환 과정 따라 그때그때 인연이 우리 심식心識을, 우리 마음을 덮어 버리면 본래 '나' 라는 것이 없는 것인데 '이것이 나다' 이렇게 고집하게 되고, 그래서 극락세계라 하는 영원한 낙원, 영원히 행복스러운 곳에서 추방되는 것입니다.

추방은 누가 시키는 것이 아니라 스스로 어둡기 때문에 잘 몰라서 이래저래 구하고 헤매는 것입니다. 이렇게 하다 보면, 죄를 많이 지어 이 몸뚱이에 너무나 지나치게 탐욕심을 내다 보면 그때는 저 아귀餓鬼로도 뚝 떨어지는 것이고, 또는 이 몸뚱이 지키기 위해서 이 몸뚱이 잘 먹이고 잘 입히고 잘 간수하기 위해서 다른 생명을 해치면 지옥으로도 떨어지는 것입니다.

이 몸뚱이를 더욱 보호하고 자기 권속이나 자기 가족의 몸뚱이를 더욱더 보호하기 위해서 살다보면 사람이 거칠어지고 아수라阿修羅 같은 세상을 연출하는 것입니다. 다행히 그런 가운데에도 탐욕심을 그렇게까지는 많이 안 내고, 성내는 번뇌도 그렇게 많이 안 내고, 또는 거칠어지는 마음도 어느 정도는 사라지고 선행善行도 하고 나쁜 마음도 내고 이렇게 우리가 사람 생활을 하는 것입니다.

영가들이시여! 영가들은 다행히 과거 전생에 선행을 많이 지어서 금생今生에 사람으로 태어나셨습니다. 영가는 제가 뵙기에 굉장히 선량한 어른이셨습니다. 그래서 금생에 인생을 살고 가실 때는 마땅히 돌아갈 근본 고향으로 가서야 하는 것입니다. 근본 고향으로 못 가시면 다시 인간으로, 복이 적으면 인간 가운데도 박복하고 병도 많고 그렇게 되는 것입니다.

영가들이시여! 우리 생명이라는 것은 여러 가지 갈래로 윤회하는 것인데 앞서 말한 바와 같이 가장 못 살면 지옥 가는 것이고, 분명히 지옥도 실존적인 세계입니다. 분명히 있는 것입니다. 더러 잘 모르는 사람들은 지옥이나 그런 세계는 우리 중생의 권선징악을 위해서, 우리 중생한테 선행을 권장하기 위해 방편方便으로 만들어 냈다고 생각하나 이것은 방편이 아니라 인간 존재가 분명히 있듯이 지옥 존재도 분명히 있습니다.

다만 인간 존재가 허망하듯이 지옥도 허망할 뿐입니다. 잘못 살면 지옥으로, 조금 낮게 살면 그때는 일반 동물로, 더 낮게 살면 아귀餓鬼 귀신으로, 조금 나아지면 싸움만 좋아하는 그런 신의 세계인 아수라 신으로, 더 나아지면 사람으로, 조금 더 나아지면 천상으로 또는 성문聲聞으로, 연각緣覺으로, 보살로, 부처로 이렇게 뱅뱅 도는 것입니다만 생명의 본바탕은 부처님입니다.

'부처 불佛' 자, '성품 성性' 자 '불성佛性'이라 하는 이것이 본래의 생명인데 불성을 모르기 때문에 허망한 모양을 '내 것이다.' 집착하는 데서 나한테 좋게 하면 탐욕심을 내고, 남을 시기하고 성내는 마음을 내는 것입니다.

어리석은 마음 가운데 가장 중요한 근본 번뇌가 무엇인가? 그것은 우리 인간의 몸, 이것이 허망한 것인데 허망하지 않다고 보고 '이 몸이 영구히 존재한다.' 이렇게 고집하는 데서 무지無知의 근본된 번뇌가 있는 것입니다. 여기에서 탐욕심이 나오고 성내는 마음이 나오고 그렇게 해서 이 세계는 아수라阿修羅라 하는 혼란스러운 갈등된 세상이 이루어지고 마는 것입니다.

영가여! 영가가 가실 곳은 극락세계입니다. 또는 만 중생이 돌아갈 세계도 극락세계입니다. 극락세계 이것은 광명光明의 세계이고 죽음도 없고 이별도 없고 또는 실패도 없는 영원한 만남의 세계입니다. 극락세계는 상대적인 것을 떠나보내는 참다운 시작의 세계이기 때문에 불생불멸不生不滅이요, 나지 않고 죽지 않고, 불구부정不垢不淨이요, 청정하거나 더러워질 것도 없고, 또는 부증불감不增不減이라, 더하고 덜하지 않은 그러한 세계입니다.

마치 에너지가 천차만별로 무수한 그런 현상계가 나온다 하더라도 에너지 불멸 법칙이라, 에너지는 조금도 늘지 않고 감하지 않듯이 부처님의 세계, 영원의 실상 세계인 극락세계도 역시 나지 않고 죽지 않고 더하지 않고 덜하지 않습니다. 그 자리는 행복만 충만한 세계입니다. 한번 만나면 영원히 행복을 누리는 세계입니다. 이 자리가 바로 우리가 돌아갈 근본 고향인 것입니다.

영가여! 이 자리로 가기 위해서는 꼭 그렇게 분명히 믿어야 합니다. 우리 중생들의 눈에 안 보인다 하더라도 석가모니를 위시한 예수나 또는 공자나 무수한 성자가 다 증명한 길입니다. 명명백백한 실상의 세계입니다. 극락세계는 영원히 존재하는 광명으로 충만된 세계, 이러한 물질적인 몸이 아니라 순수한 장엄스러운 광명으로 이루어졌습니다. 땅도 숲도 모두가 다 광명으로 이루어졌습니다.

이러한 세계를 가려면 분명히 이 자리를 믿어야 합니다. 본래 이 자리가 우리 마음의 본성 자리지만 안 믿으면 이 자리에 갈 기약이 없습니다. 딱 믿고 그 자리에 계시는 모든 성중聖衆들, 모든 성중들의 본래 생명 자리, 모든 성중들을 거느리는 가장 어른 자리, 그 자리가 바로 '아미타불'입니다.

부처님은 우리 생명의 본바탕인 동시에 극락세계의 바탕이고 또는 주인공이고, 모든 중생의 본래 주인공입니다. 우리들은 모두 다 아미타불이 본래 생명 자리인데, 거기까지 미처 못 가니까 구분해서 보는 것입니다.

극락세계도 역시 구분이 되어 있습니다. 상품상생上品上生이요, 상품중생上品中生이요, 상품하생上品下生입니다. 우리의 업장業障이, 우리의 번뇌가 녹아짐에 따라서 비록 가벼운 업장 때문에 극락세계는 갔다 하더라도 우리 중생의 가장 순수한 단계는 온전히 부처가 되어 버리는 것입니다. 순수하지 못하면 상품중생이요, 상품하생이요, 중품상생中品上生이요, 중품중생中品中生이요, 중품하생中品下生이요, 하품상생下品上生이요, 하품중생下品中生이요, 하품하생下品下生입니다. 이런 세계는 가장 순수한 곳에는 미치지 못하는 세계로 태어나는 것입니다. 이것도 극락極樂의 범주이기 때문에 고통도 없고, 이별도 없고, 죽음도 없습니다. 다만 우리의 순수도가 조금씩 조금씩 변화가 되어서 완전무결한 부처가 되는 것입니다.

어떠한 중생이나 모두 다 이것이 근본 자리이기 때문에 인간뿐만이 아니라 다른 동물이나 식물이나 무생물이나 모두 다 근본은 그와 같이 진여불성眞如佛性, 부처님 자리인 것입니다. 하나의 티끌이나 어떠한 것이나 모두 다 부처님 자리로부터 인연 따라 이렇게 태어나고 저렇게 태어나는 것입니다.

에너지가 음이온 양이온 결합하는 양에 따라서 산소나 수소나 그런 구분이 있고 또는 거기에서 각 세포라든가 일체 물질이 구성되듯이 일체 존재의 근본, 가장 순수한 에너지, 가장 순수한 생명 이것이 부처님입니다. 이 자리에서 모든 중생이 태어나기 때문에 종당에는 부처가 되는 것입니다. 다만 중생이 자기가 좋아하는 사람 몸뚱이는 좋아하고 자기가 미워하는 사람 몸뚱이는 싫어하면서 이렇게 구분하고 업業을 짓기 때문에 본래 고향 자리, 부처로 못 가는 것입니다.

영가여! 극락세계는 우리 눈앞에 훤히 전개되어 있습니다. 에너지가 산소가 되고 수소가 되고 전자가 된다 하더라도 에너지 자체는 변동이 없듯이 부처님 자리, 부처님의 생명 자리는 어떻게 변화가 됐다 하더라도 조금도 변동이 없습니다.

부처님의 광명光明은 사람한테나 또는 하나의 티끌에나 독사한테나 어디에나 훤히 빛납니다. 다만 중생이 색안경에 가리어서, 중생의 번뇌에 가리어서 부처님의 참다운 도리, 참다운 광명을 못 볼 뿐입니다.

영가여! 영가의 몸은 영가의 몸이 아닙니다. 어쩌다가 인연 따라 잠시 받은 몸입니다. 따라서 이 몸에 집착해서는 안 됩니다.

영가여! 영가의 권속도 어쩌다가 금생今生에 태어나서 잠시 인연 따라 나그네 길에서 스쳐가듯이 지은 인연에 불과합니다. 따라서 권속도 영구히 자기의 소유가 못 됩니다. 자기가 쓰던 세간살이, 재물, 권력도 자기 것이 아닙니다. 어떠한 것도 자기 마음 외에는, 자기의 순수한 마음 외에는 자기 것이 못 됩니다. 몸도 권속도 물질도 권리도 어떠한 것도 참다운 자기 것이 못 됩니다. 이러한 것을 자기 것이라 생각할 때는 우리 본고향인 극락에 못 가는 것입니다. 모두가 다 꿈 같은 것입니다.

영가여! 그러나 금생에 지은 인연이 참 소중합니다. 영가가 금생에 인연 지은 아들, 딸, 형제들이 잘되기 위한 가장 좋은 베풂은 무엇인가? 이것은 극락세계의 도리, 부처님의 도리, 우주의 진리에 따라 허망虛妄 무상無常한 것을 허망 무상하다고 분명히 인식하고 극락세계로 바로 가시는 것이 권속들한테 가장 좋게 베푸는 것입니다. 이렇게 할 적에 아들이나 딸이나 아내가 다 극락세계의 길로 지향해 가는 것입니다.

이렇게 산 사람 역시 극락세계의 길을 지향해서 허망한 것에 대해 집착을 끊고 바른 생활로 '원래 나와 너는 둘이 아니거니 천지우주가 허망한 것이기 때문에, 우주라 하는 그러한 하나의 생명체의 동질성이라, 모두가 다 같은, 차이가 없는 생명체 가운데 다만 바다 가운데 일어나는 거품 모양으로 나요 너요 구분이 있습니다만 모두 바닷물이라는 하나의 생명체다. 따라서 모든 것이 다 하나의 생명이다.' 이렇게 느껴 버려야 자기 몸에 대한 집착을 끊습니다.

영가여! 자기 몸은 허망虛妄 무상無常한 거품과 똑같습니다. 이렇게 생각하시고 극락세계로 빨리 가시는 것이 앞서 말씀드린 바와 같이 권속들이나 친구들한테, 또는 누구한테나 가장 좋게 베푸는 것입니다. 이렇게 함으로 해서 권속 역시 극락세계, 자기 본래적인 고향으로 빨리 가게 되는 것입니다. 생명의 뿌리가 하나고 같이 상통하기 때문에 '내 자식이나 내 친구가 빨리 바른 우주의 진리에 따라서 바른 길로 가야 하겠구나.' 이렇게 한번 마음먹을 적에 그런 기운이 거기에 미치는 것입니다.

오늘 천도薦度에 동참하시는 유가족들이시여! 돌아가신 영혼에 대해 우리가 가장 좋게 받들어 드리는 명복이 무엇입니까? 이것은 슬프게 울고 불고 하는 것이 아닙니다. 또는 많은 물질로 공양하는 것도 아닙니다. 가장 중요한 것은 살아 계시는 유족들이 행동을 바르게 하고 생각을 바르게 하고 말을 바르게 하면서 또는 그 자리에서 바로 본고향 자리를 지향해서 애쓰고 바르게 사는 것입니다.

생각을 바르게 한다는 것은 내 개인만 내가 아니라 우주가 하나의 생명인데 '모든 생명과 더불어 내가 있다.' 이렇게 생각해야 합니다. 그렇게 할 적에 자기를 위해서 남을 구박한다거나 해코지 할 수가 없습니다. 분명히 모든 생명은 본바탕에서 볼 때 하나의 생명으로 연결되어 있습니다. 자기랑 뿔뿔이 헤어진 것은 없습니다.

따라서 그와 같이 '모든 생명이란 하나'라는 생각, 그 생각을 해야 할 것이고, 그러기 위해 '이웃에게 베풀어야겠다, 나만을 위한 착취를 안 해야겠다.'는 생각을 가져야 하는 것입니다. 이렇게 생각하고, 또 말도 중생의 마음을 상하는 그런 말을 하지 말아야 하고 모든 중생을 바른 길로 인도하는 말을 해야 합니다. 행동 역시 생물은 근본이 같거니 하나의 곤충이나 모두 다 근본 생명이 같거니 어떠한 것도 생물을 함부로 죽여서는 안 됩니다.

그 다음에 또 음탕한 행동도 말고 거짓말도 않고 허튼 음식도 먹지 않고 이렇게 함으로 해서 우리 생명은 본래 생명 자리로 보다 빨리 지향하는 것입니다. 이렇게 하시는 것이 돌아가신 영가에게 귀중한 최상의 효심입니다. 이렇게 되시면 나중에 같이 극락세계에 가서서 영생의 만남, 영생의 행복을 누리는 것입니다.

○○○ 영가여, ○○○ 영가여! 자기 본래 생명인 동시에 우주의 생명인 부처님을 생각하시고 아미타불을 생각하시고 이렇게 하셔서 한 생각도 흐트러짐 없이, 한 생각도 부처님을 생각함에 후퇴함 없이 부처님을 생각하고 극락세계를 생각할 때는 순식간에 영가는 극락세계에 상품상생上品上生, 가장 좋은 그런 윗자리에 계시는 것입니다. 영가들이시여! 왕생극락하소서.

나무 아미타불!
나무 관세음보살!

극락세계로 가는
가장 빠르고 확실한 길

친우 ○○○ 거사 49재 천도 법어
1989년 9월 22일

영가가 가신 지 이미 한 달이 더 지났습니다. 우리 인생이 만나면 헤어지고, 한번 삶이 있으면 죽음이 있는 것을 어찌할 수 없기 때문에 우리가 받아야 합니다마는 유명을 달리하신 영가가 이렇게 부처님의 위신력으로 이 자리에 나오셔서 만나게 되니 산승의 감회 이를 데 없습니다.

영가여! 영가는 평소에 다른 이보다 건강하셨고, 기백도 팔팔하신 분이었습니다. 도리어 산승의 건강을 염려할 정도로 강건하셨습니다. 그러나 영가가 먼저 가시고 산승이 이렇게 뒤쳐져서 영가의 천도 법문을 하게 되니 참 감개가 이를 데 없습니다.

영가여! 우리 범부중생은 인생과 우주의 본래 성품 자리, 본래 생명 자리의 불성을 깨닫지 못하면 설사 생전에 불법을 좀 공부했다 하더라도 한번 생을 바꾸면 망각을 해버리고 맙니다. 영가는 세속적인 지식도 많으시고, 부처님 공부도 많이 하셨고, 또 마음도 투철한 분이기 때문에 불법에 대해서 깊은 소양이 있겠지만 영가가 성자로 가시지는 못했기에 부처님 법문을 대부분 잊어버리고 계십니다.

영가여! 저승길은 캄캄하고 어두운 길입니다. 영가는 지금 어떻게 계십니까? 영가는 부처님의 위신력과 산승들의 법의 가피력, 또는 부인과 자녀분들, 친구분들의 정성으로 이 자리에 분명히 계시는 것입니다.

영가여, 자세히 듣고 깊이 생각하십시오. 우리 범부중생은 본래의 생명 자리를 모릅니다. 본래 생명 자리는 삼세의 모든 부처님이나 모든 성자가 다 밝히신 청정 자성입니다. 청정 불성입니다. 청정불성 진여불성이 인생과 우주의 본래 생명 자리, 순수 생명 자리인데, 우주가 이루어지고 또는 우주가 이루어진 가운데 중생이 생겨나고, 이렇게 모든 것이 변화하는 과정에서 우리 중생은 어쩌다가 본래의 생명 자리를 망각해버린 것입니다.

그렇게 되어 가피 지원도 업장 따라서 업장이 가장 무거우면 지옥으로, 그다음에는 아귀로, 그다음에는 일반 동물인 축생으로, 그다음엔 아수라로, 거기에서 한걸음 더 나아가서 업장이 가벼우면 인간으로 태어나는 것입니다. 영가여! 영가는 업장이 가벼워서 인간으로 태어나셨습니다. 그중에서도 영가는 총명하고 선량한 인간으로 태어나셨습니다. 그것은 과거 전생의 업장이 가벼운 덕입니다.

영가여! 깊이 생각하시오. 업장이라는 것은 우리 마음으로 짓는 탐욕심, 또는 우리 마음으로 짓는 성내는 마음, 우리 마음으로 짓는 모든 사물을 바로 못 보는 어리석은 마음, 이 세 가지의 독스러운 마음이 원인이 되어 우리가 하는 그런 말, 손발로 하는 행동, 뜻으로 헤아리는 모든 번뇌, 이런 것들이 모두 다 업장이 되는 것입니다. 이러한 탐욕심이 더 무겁고, 성내는 진심이 더 무겁고, 어리석은 마음이 그만큼 칙칙하면 업장이 무거운 것이고, 그러한 번뇌가 적으면 적을수록 업장이 가벼운 것입니다. 영가는 업장이 가벼워서 인간으로 태어나셨고, 인간 가운데서도 업장이 더욱더 가벼운 분이었습니다.

사람 몸으로 태어나서 성성한 색신이 건전한 몸으로 태어나기가 그렇게 쉽지 않은데 영가는 건전한 몸으로 태어나셨고, 다행히 훌륭한 부인을 만나셨고, 그렇게 함으로 해서 아주 총명하고 선량한 자녀분들을 두셨습니다. 영가는 정진력精進力, 그런 노력으로 남이 얻을 수 없는 진리를 얻으셨습니다.

영가여! 사람 몸으로 태어나서 몸이 건전하고, 좋은 권속을 만나고, 또 부처님도 만나는 것이 얼마나 행복한지를 영가는 지금 몸을 버리고 영가가 돌아가야 할 극락세계로 가시는 이 길목에서 깊이 느끼셔야 합니다.

영가여! 자세히 듣고 깊이 생각하십시오. 우리 범부라 하는 것은 시야가 짧아서 과거도 못 보고 미래도 못 봅니다. 따라서 우리 중생들이 갖는 삿된 견해 가운데서 단견이라, '끊을 단斷' 자 단견斷見이라는 것이 무엇인가 하면 금생만이 존재하고, 과거 전생도 없고 내생도 없다, 이런 견해가 단견입니다. 동양학문을 떠나서 저 서양 사람들, 서구학문, 유럽의 철학들이나 학문들은 보통 단견을 가지고 있습니다. 과거 전생도 없다, 미래 내생도 없다, 금생만이 존재한다, 이것이 중생들이 갖는 단견입니다.

또 한 가지는 금생에 내 몸이 있는데, 이렇게 소중한 내 몸이 있는데, 과거도 이와 같은 내 몸이 있었을 것이고, 죽은 다음에도 금생에 쓰던 몸, 금생에 쓰던 손, 발, 코, 눈, 이와 같은 몸이 미래도 있을 것이다, 이렇게 생각하는 것은 상견이라고 합니다. '항상 상常' 자 상견常見이라, 자기 존재가 과거에도 금생에도 내생에도 있다고 한단 말입니다. 그러나 이 두 가지 다 삿된 견해입니다. 이것을 불교에서는 사견邪見이라고 그럽니다. 우리 인간의 몸은 인연 따라서 그때그때 업장 따라서 업의 기운 따라서 이것저것 긁어모아서 하나의 세포를 만드는 것입니다.

영가여! 오늘 모이신 불자들이시여! 금생에 나오신 전생의 우리 몸은 어디에 있었습니까? 금생에 우리가 쓰는 이런 몸과 같은 몸은 전생에 흔적도 없었습니다. 다만 전생에는 전생대로 인연 따라서 이루어진 몸, 그러다가 죽어지면 몸뚱이는 간 곳이 없습니다. 오직 일점 업식이라, 마음의 에너지, 마음의 성품만 남아 있습니다. 그런 마음의 성품이 거기에 걸맞은 부모님을 만나서 어머님의 태 안에 들어가서 성장하는 것입니다. 그리고 다시 각 영양을 섭취해서 세포가 됩니다. 그러나 금생에 이루어진 그 몸도 쓰다가 인연이 다하면 그때는 사라지고 마는 것입니다.

영가여! 영가가 생각해 보십시오. 영가는 건전하셨고 위생 관리도 남보다 훨씬 더 하셨고, 또 정숙한 부인이 그렇게 간호하고 돌보셨고, 또 의술에 대해 해박하고 총명한 아드님들이 지극한 효심으로 영가의 병 치료를 위해 최선을 다했습니다. 산승들 역시 부처님께 기원을 드렸습니다. 현대의학의 정수를 다해서 영가가 병이 나으시기를 기원하며 노력했습니다. 그러나 생사의 길, 죽어서 가는 길은, 한번 태어나서 가는 길은 인연이 다하면 무엇으로도 못 막습니다. 지위로도 정성으로도 황금으로도 막지 못합니다.

영가여! 영가가 가신 것은 누구 잘못도 아니고, 영가의 인연인 것입니다. 인연 따라서 금생에 살다가 가신 것입니다. 영가여! 영가는 지금 어떻게 계십니까? 영가는 분명히 이 자리에 와서 부처님 법문을 듣고 계시고, 또 산승과는 법도반인데 산승의 말씀도 듣고 계십니다. 영가여! 깊이 생각하십시오. 영가가 가실 길은 다른 길도 아니고 오직 외길 오직 한 길 극락세계 가는 길입니다. 영가여! 영가뿐만 아니라 모든 중생이 사람이나 동물이나 일체 존재의 근본생명이 부처님이고 부처님 성품입니다.

석가모니가 나오시나 안 나오시나, 예수가 나오시나 안 나오시나, 공자가 나오시나 안 나오시나 천지우주의 근본생명 순수한 순수에너지 순수한 생명은 조금도 변치가 않습니다. 천지가 허물어지나 천지가 이루어지나, 만유가 존재하든지 만유가 소멸되든지 안 되든지 간에 그런 순수에너지, 순수한 생명은 조금도 변동도 없고, 불생불멸 곧 낳지 않고 죽지 않고, 부증불감 곧 더하지 않고 덜하지 않고, 바로 부처님입니다. 그 자리가 바로 하느님입니다.

그 자리 그 모든 중생, 현재 우주의 모든 현상은 다만 부처님의 생명이 이렇게 저렇게 활동하고 진동하고 결합되어서 산이 되고 원자가 되고 무엇이 되고 하는 것인데, 우리 중생은 근본을 모르기 때문에 현상만 보기 때문에 중생이 되는 것입니다. 현상만 보기 때문에 어쩌다가 인연 따라서 이루어진 자기 몸을 참다운 자기 것이라고 집착하는 것입니다. 그렇게 해서 자기 몸한테 좋게 하면 탐욕심을 내고, 자기 몸에 싫으면 성내는 진심을 냅니다. 이렇게 해서 지옥, 아귀, 축생, 아수라, 인간, 천상이라는 육도에서 헤매는 것입니다. 영가는 이런 도리를 분명히 아셨습니다. 그러나 돌아가실 때의 괴로움으로 인해, 또는 격세즉망이라 생을 바꾸면 도인이 아니고는 다 잊어버리는 것입니다.

영가여, 영가의 법도반이자 영가와 가까운 친구라는 인연으로 산승이 이렇게 법문을 하게 되니 참 감개무량하기 이를 데 없습니다. 영가여! 영가가 돌아가실 길은 만 중생이 다 가야 할 극락세계입니다. 극락세계는 저 10만억 국토 지난 먼 데에 있습니다. 중생이 평생 가도 못 가는 길입니다. 그렇게 먼 극락세계로 가는 가까운 길이 무엇인가? 그것은 극락세계의 교주, 극락세계의 주인공인 동시에 인생과 우주 모든 만유의 주인공이신 나무아미타불 관세음보살, 나무아미타불을 간절히 생각하고 간절히 외우는 것입니다.

우리 중생의 본생명이 떠나온 고향, 돌아가야 할 본고향이 극락세계이기 때문에, 우리의 참다운 본래면목 참다운 생명이 아미타불이기 때문에 나무아미타불을 간절히 부르는 것이 본고향 극락세계로 가장 빨리 가는 길입니다. 부처님의 법문은 모두가 다 성불의 법이고, 성불한다는 것은 극락세계에 간다는 것이나 똑같은 의미입니다. 성불하는 법, 극락세계에 가는 가지가지의 법이 많이 있으나 가장 쉽고 확실한 길은 어떤 길인가 하면 나무아미타불 관세음보살을 간절히 외우고 부르는 것입니다.

영가여! 영가는 오래 계시면 영가도 더욱더 빛나시고 영가의 권속도 훨씬 더 행복하실 것이고, 또 영가를 아끼는 친구들이나 법우들도 모두가 더 행복스럽게 느낄 것입니다. 우리 부처님법도 훨씬 더 빛날 것입니다. 부처님법도 빛내고 세상도 빛낼 그런 분이 가셨으니까 산승을 비롯한 모두가 이 자리에서 애석한 마음을 이루 헤아릴 수가 없습니다. 그러나 인연이 다해서 영가는 가셨습니다. 영가여! 설사 우리가 약간의 복이 있다 하더라도 소선근, 적은 선근으로는, 적은 복으로는 극락세계에 잘 못 갑니다. 극락세계는 너무나 순수하고 너무나 먼 길입니다. 따라서 영가여! 영가가 가야 할 극락세계, 우리 중생은 미처 볼 수가 없는 그런 극락세계라 하는 것은 우주의 순수한 생명자리이고, 우주의 순수한 생명자리는 광명의 생명자리입니다. 우주의 본래를 훤히 본다고 생각할 적에, 우주의 실상을 본다고 생각할 때 우주라는 것은 광명이 빛나는 광명정토입니다.

우리 중생은 아까도 말씀드린 바와 같이 탐욕심이나 성내는 마음 또는 기성 관념 때문에 마음이 혼탁해져서 참다운 본래 생명을 보지 못합니다. 본래 생명이 바로 부처님이요 광명이며, 원자나 어떤 무엇이나 모두가 다 근본생명은 순수 에너지, 순수한 생명, 광명의 생명자리 광명 정토입니다. 우리는 광명 정토에서 우주의 순환법칙에 따라 이와 같이 인간으로 와 있습니다. 과거 전생에는 우리 인간도 역시 지옥으로 아귀로 축생으로 또는 무수한 중생을 거쳐온 것입니다.

영가여! 우리가 고향을 잘 모르면, 우리가 떠나온 고향, 가야 할 극락세계를 모르면 우리는 다시 사람으로 태어나거나 또는 축생으로, 아귀로, 지옥으로 전락될 수가 있습니다. 영가여! 영가가 가야 할 길, 일체중생이 필경 돌아가야 할 고향 극락세계로 가시기 바랍니다. 영가여! 극락세계는 광명정토입니다. 땅도 광명이고, 물도 모든 나무도, 또 거기 있는 모든 중생이 다 광명으로 이루어져 있습니다.

영가여! 영가가 모든 애착을 뿌리치고 돌아가실 때는 아무리 총명한 분도 성자가 아닌 한에는 자기 몸뚱이에 애착을 품습니다. 내가 평생 썼거니 응당 자기 몸뚱이에 애착이 남습니다. 따라서 자기 몸에 대한 애착을 뿌리쳐야 합니다.

영가의 몸은 지금 어디에 있습니까? 영가의 몸은 화장했으면 지금 어디에도 없습니다. 영가의 몸은 필경 영가의 것이 아닙니다. 영가가 태어나기 전에 영가의 몸은 없었습니다. 다만 사람으로 태어날 적에 임시 동안 몇십 년 쓰다 버리고 마는 하나의 옷에 불과합니다. 껍데기에 불과합니다. 매미가 껍데기를 벗고 가듯이, 누에가 누에고치 껍질을 벗고 나방이가 되어가듯이 우리 인간도 그 껍데기를 벗어버려야 하는 것입니다. 껍데기 이것은 절대로 소중한 것이 아닙니다.

영가여! 영가가 쓰던 그렇게 잘난 몸, 그 몸은 영가의 것이 아닙니다. 또한 영가의 권속, 사랑하던 아내요, 자제요, 친구요, 그런 모든 권속들도 금생에 만나다 헤어질 인연에 불과합니다. 집착해 봐도 다시 만날 수가 없습니다. 영원히 만나는 길은 오직 극락세계에서 만나는 것뿐입니다. 영가여, 인간은 허망합니다. 허망무상한 것이 인간입니다.

영가의 권속한테 애착을 부려서도 안 됩니다. 애착을 부리면 극락세계 가는 길, 영가가 가야 할 길을 못 가고 맙니다. 영가의 집이요, 세간살이요, 이것들도 역시 금시간 잠시 가지고 쓰다가 버릴 하나의 물질에 불과합니다. 이 또한 영가의 것이 아닙니다. 영가의 몸도 영가의 것도 아니요, 권속도 영가의 것이 아니요, 세간살이 역시 영가의 것이 아닙니다. 중생들은 이러한 세 가지 욕심 때문에 잘 못 가는 것입니다. 자꾸만 뒤돌아봅니다. 이렇게 영가가 영가의 길로 못 가는 것은 영가한테도 도움이 못되고, 영가의 권속을 위해서도 아무런 도움이 못됩니다.

영가여! 영가를 참으로 위하고, 영가의 권속을 위하고 영가의 식구들을 참답게 위하는 길은 영가가 조금도 지체없이 한 생각도 딴 생각 마시고, 극락세계로 홀홀히 가시는 것입니다. 극락세계는 광명 정토라, 환경도 다 광명이요, 중생의 몸도 광명입니다. 따라서 극락세계 중생은 어떤 중생이나 모두가 다 신통자재합니다. 삼명육통을 다 하는 것입니다. 극락세계에 가서서 삼명육통을 해서 영가의 권속이나 친구들이나 모든 분들을 위해서 도와주셔야 됩니다.

영가여! 영가여! 지금 눈을 들고 저 밝은 오색이 찬란한 극락세계의 광명 정토를 우러러 보십시오. 영가가 정말로 모든 애착을 다 뿌리치고 분별시비, 나라는 관념 이러한 중생 차원에서 느껴지는 관념을 다 버리시면 영가의 눈앞에는 장엄하고 찬란한 극락세계의 모든 풍악소리가 들려올 것입니다. 그리고 나무아미타불 관세음보살, 아미타불은 모든 보살님들을 거느리고 영가 앞에 나오실 것입니다. 영가 앞에 나와 계실 것입니다.

다만 영가가 분별시비가 있고, 중생적인 티끌, 마음의 티끌을 미처 못 버리면 영가는 보실 수가 없습니다. 극락세계가 비록 천만억 국토 바깥에 있다 하더라도 영가의 마음이 번뇌를 떠나서 허공 같은 마음, 맑은 물에 비치는 그런 달 같은 마음을 간직하시고 부처님만 생각하고 극락세계만 생각하신다면 영가의 눈앞에는 분명히 아미타불께서 모든 보살님을 거느리고 나타나 영가가 타고 가실 금강연화대를 영가한테 바치실 것입니다.

영가여! 영가 앞에는 분명히 금색 찬란한 금강연화대가 있습니다. 영가는 그 연화대에 올라타셔야 합니다. 그러면 영가는 먼 극락세계에 그냥 순식간에 태어나시게 됩니다. 그래서 영원히 헤어짐도 없고 죽음도 없고, 또는 자기 권속과 친구와 모든 분과 다시 영생으로 만나는 극락세계에 계시게 되는 것입니다.

영가여! 영가의 밝고 투철한 지혜, 영가가 닦으신 선근 내에서 마지막 번뇌, 곧 나라는 번뇌, ○○거사 ○○○이라는 하나의 개성적인 번뇌, 이 마지막 번뇌를 버리셔야 합니다. 그래야 극락세계에 상품상생하실 수 있습니다.

영가여, 나라는 것이 어디에 있습니까? 나라는 것이 본래 없는 것입니다. 다만 중생의 망심으로 나가 있고 너가 있고 모든 것이 있는 것입니다. 영가여! 영가는 총명하신 어른입니다. 마땅히 나라는 번뇌, 나라는 관념, 이 관념을 마지막으로 뿌리치십시오. 그리하면 나무아미타불 관세음보살 모든 부처님들께서 영가 앞에 내미시는 그런 찬란스러운 금강연화대에 올라 한순간에 극락세계에 태어나시게 되는 것입니다. 영가여! 극락세계에 부디 왕생하소서!

나무 아미타불, 관세음보살!

청화 큰스님 발원문

　온누리에 충만하시고 영원히 상주하시며 언제나 대자대비로
만 중생을 제도하시는 부처님이시여!

　이제 저희들은 삼가 일체 만유의 근본이시고 바로 생명 자체이
신 부처님께 지극정성으로 발원하옵나이다.

　본래부터 맑고 밝은 저희 본성이 어쩌다가 어리석은 무명無明
에 가리어 대자대비하신 부처님의 광명을 등지고 탐욕과 분노로
오염된 인생 고해苦海를 헤매이게 되었습니다.

　이제 천행으로 부처님의 가르침을 만나뵙고 사무친 환희심으
로 부처님께 서원하옵나니 부처님의 관음대비로 거두어 주시옵
소서.

　저희들은 오로지 부처님의 가르침에 수순隨順하여 청정한 마
음과 올바른 행동과 바른말로써 살아가고자 충심으로 서원하오
며 한사코 위없는 불도佛道를 성취하여 모든 이웃들을 구제하고

자 지심至心으로 발원하옵나이다.

　바로 우주만유의 실상이시며 모든 중생의 고난을 구제하여 주시는 부처님이시여!

　부처님의 부사의하신 위신력으로 저희들의 심신心身이 강건하고 육근六根이 청정하며 가정과 사회가 평온하고 나라와 온 세계가 두루 태평하여 필경에 다 함께 생사윤회生死輪廻하는 인생 고해를 벗어날 수 있도록 부처님의 대자대비를 드리우시옵소서.

　그리고 돌아가신 부모 조상의 영가와 자매 질손 및 일체 친속들의 영가와 이 도량 내외의 모든 영가와 온 법계의 일체 영가들이 부처님 가호하시는 묘력으로 어두운 저승길에서 헤매지 않고 다 함께 극락세계에 왕생케 하여 주시옵소서.

　그리하여 마침내 헤아릴 수 없이 많은 모든 법계의 무량중생들이 본래 청정한 자성自性을 밝히고 불도佛道를 성취하여 장엄하고 찬란한 연화장세계蓮華藏世界에 노닐며 다 함께 극락세계에서 영생의 복락福樂을 누리게 하여 주시옵소서.

　나무 아미타불!
　나무 석가모니불!
　나무 관세음보살!
　나무 마하반야바라밀!